ある日、龍神さまが母に入りました

ハッピー・三姉妹

JN202288

KADOKAWA

はじめに

この本を手に取っていただき、ありがとうございます。ハッピー・三姉妹の長女かえでです。

私は三姉妹の長女として、ごく普通の家庭で育ちました。そして、独立し結婚して子どもが三人います。次女キリ、三女ももも結婚してそれぞれ子どもがいて、各々独立して暮らしています。

両親と三姉妹はみな近くに住んでいるので、よく集まり、一緒に旅行したりなど仲良く過ごしていました。

神社仏閣へも観光でよく行っていましたが、実は、かつての私は「神様って本当にいるの？」という感覚でした。

それがある日、母に異変が起こります。その不思議な出来事を間近で見ていて、私たちは本当に母のことを心配していました。

でも、徐々に母に大変なことが起きているとわかり、私は神様、仏様、龍神さまが本当にいらっしゃるんだと衝撃を受けたのです。

そんな不思議な世界があることを知った私たちは、その後も母を通じて龍神さまや神様、仏様からいろいろなことを教えていただきました。

信じてない人に話しても「変な宗教だ」と気味悪がられるだけと思った私たちは、最初は家族内だけの内緒事にしていました。ところが、あるきっかけで私の友人に母のことを話すと、最初は驚きつつも、私の言うことを信じてくれたのです。

「こんなことを言うと、怪しいと思われる」と隠していたことが、それは杞憂《きゆう》だったとわかると、「もしかすると、多くの人を少しでも幸せにできるのかもしれない」と思えるようになり、２０１９年7月からブログで「母と龍神さま」を書きはじめました。

母に起こったあるがままの不思議な話、そして母の口から発せられる龍神さまや神様のお言葉を、そのままみなさまにお伝えできればと思ったのです。

ただしこれは、みなさまに押し付けるつもりはありません。

少しでも、本当に神様、仏様、龍神さまはいらっしゃる、本当にそんな不思議な世界があるんだなと興味を持っていただければと思っています。

私たちを守ってくださる。
願いがあれば叶えてくださる。
困ったら助けてくださる。

神様、仏様、龍神さまはそういう存在だと伝えたい一心でブログを書きはじめ、5年以上たちました。

実は、ブログを書く前に母を通して龍神さまに「龍神さまのお話をみなさまに伝えるために、ブログで書いてみたい」と聞いてみたことがあります。龍神さまは「いいではないか。では、まずは一日も欠かさず3年書いてみよ。それで形になる。そして5年迎えたところで花が咲く」と言ってくださいました。

私は龍神さまのアドバイスを信じて、毎日欠かさずブログを更新してきました。

そして3年目を迎えた初秋、栃木県の日光《にっこう》二荒《ふたら》山《さん》神社中宮祠《ちゅうぐうし》に参拝した際、「ずぼらな私がブログを3年間毎日更新できております。ありがとうございます」と手を合わせました。

それからホテルで休んでいたところに、突然ＫＡＤＯＫＡＷＡの編集の方から連絡をいただいたのです！　これには私も驚き、運命を感じました。

それから長い期間の打ち合わせを重ね、５年目を迎えた今、本を出すことができました。

本当に龍神さまがおっしゃったように花が咲いたと思っています。

母と龍神さま、ＫＡＤＯＫＡＷＡのみなさま、そしてブログの読者のみなさまには特に感謝でいっぱいです。

本当にありがとうございます。

この本を読んでくださったみなさまが、少しでもハッピーになりますようにお祈りいたします。

ハッピー・三姉妹　かえで

目次

はじめに　2

第1章　母と龍神さま

はじまりの話　14／不思議な力　15／仙人のようなおじいさん　17
霊能者の先生との出会い　18／〝ひらいた〟母　20／病院のおばあさん　22
靖國神社　23／龍神さま ～小さな青い龍と雄山《おやま》神社～　26
母に入った龍神さま　30／龍神さまの変化　31／龍神さまの謎　35
天女さまとの出会い　37／紫色の羽衣　41／龍神さまが語る天女さまの正体　43

第2章　夢のお告げ

◆**伏見稲荷大社《ふしみいなりたいしゃ》**（京都府）

不思議な夢　50／伏見稲荷大社への参拝　52／お稲荷様のご利益　53

伏見稲荷大社の本宮祭　55／お山する　57

お稲荷様への祝詞《のりと》　60／お礼参り　66

◆**竹生島《ちくぶしま》**（滋賀県）

白蛇様の夢　68／竹生島の夢の意味　72

ハッピー・三姉妹イチオシ！　地域別オススメ神社（北海道・東北編／関東編）　78

第3章　心身を癒やし、守る神様

◆**頭之宮四方神社《こうべのみやよもう》**（三重県）

ぼけ封じに強い神社 82／頭痛のご祈祷 85
知恵を授かる 90／頭痛のその後 91

◆**少彦名《すくなひこな》神社**（大阪府）
虚弱体質の次男 94／都会の神社 96／感じた視線 99
開運の金虎の置物 100／忘れられた金虎様 102

◆**護王《ごおう》神社**（京都府）その一
猪を祀る神社 106／奈落の底 108／必死の願い 111／奇跡の快復 113

◆**高千穂《たかちほ》神社**（宮崎県）
神様のお名前は難しい 116／厳かな神社 118／事故をよく起こす人 119
お守りのご利益 120／副次的なご利益 122／お守りへの感謝 123

ハッピー・三姉妹イチオシ！ **地域別オススメ神社（北陸編／中部編）** 124

第4章　子どもたちの幸せを祈る

◆大山祇《おおやまつみ》神社・子安《こやす》神社（伊勢神宮／三重県）

ワガママ娘と子授けの神様　128

◆護王神社（京都府）その二

子供守神　132／御子になった姪　135／奉納の品　136／修行の成果　138

◆尾張《おわり》冨士《ふじ》大宮《おおみや》浅間《せんげん》神社（愛知県）

不登校のきょうだい　139／預け子祈祷とは　142

古くから培われてきた預け子の実績　146／成人している子どもの預け子　147

魂の玉　149

◆番外編　**生まれ変わりの記憶**

胎内記憶と中間生記憶　152／知るはずもないこと　155

天国からのお友達　158／かみさまとのやくそく　159

ハッピー・三姉妹イチオシ！　**地域別オススメ神社（関西編／中国地方編）**　162

第5章　より強い力を求めて

◆**大室山浅間《おおむろやませんげん》神社**（静岡県）
恋愛に悩む友人　166／切ない恋の成就　168

◆**富士山麓神社七社**（山梨県）
神玉巡拝《かみたまじゅんぱい》　170／かわいい声の神様　172
富士山の女神様　175／富士山のパワーが込められた七つの神玉　176

◆**石上《いそのかみ》神宮**（奈良県）／**香椎宮《かしいぐう》**（福岡県）
ひふみ祝詞《のりと》　179／不思議なマークに導かれて　182
最後の締めを司る神社　187／鶏様の声は「はじまり」　189

◆**住吉大社《すみよしたいしゃ》**（大阪府）
広い海のような神社　192／母が引き留めた理由　194／身近にいる強い力の神様　197

ハッピー・三姉妹イチオシ！　**地域別オススメ神社（四国編／九州編）**　200

第6章　秘められた地に根づく力

◆**榛名《はるな》神社**（群馬県）

母の変貌　204／修行の地　206／境内で転んだ意味　211

修行者たちの目的　213／修行者の般若心経《はんにゃしんぎょう》　216／開運の神社　217

◆**三峯《みつみね》神社**（埼玉県）

『白』い『氣の御守』とオオカミ様　221／険しい山道を抜けた先に　222

オオカミ様の視線　226／ご祈祷の醍醐味　227／ついて来てくださったオオカミ様　229

三峯神社の力　232／眷属神《けんぞくしん》様のおはからい　234／念願の御眷属拝借　237

◆**玉置《たまき》神社**（奈良県）

龍神さまの啓示　240／山道に潜む祠《ほこら》　242／険しくも清い参道　245

諸災消除のご祈祷　247／消えた膝の痛み　250／東の三峯神社、西の玉置神社　252

◆**金華山黄金山《きんかさんこがねやま》神社**（宮城県）

無人島にある神社　254／震災後の金華山　255／神様の悲しみ　256

復興途上　258／人々の祈りと神様の力　259

第7章　縁のある神様

◆ **産土神様《うぶすな》**
母の生い立ち　262 ／ 産土神様を調べる　263
◆ **自分の名字と同じ神社**
ご縁をいただいた人たち　267 ／ えこひいきとご縁の違い　270
◆ **白山比咩《しらやまひめ》神社**（石川県）
頼りになる「しらやまさん」　273 ／ 母と歩くしらやまさんの境内　276
足にまつわる願い　280 ／ ご縁結びの「結」の絵馬　282
おわりに　284

Staff
ブックデザイン……bookwall
カバー装画、本文イラスト……Momo
DTP……山本秀一、山本深雪（G-clef）
校正……麦秋アートセンター
編集協力……小田島瑠美子
SPECIAL THANKS……まさと
本書の情報は2024年11月現在のものです。

第1章

母と龍神さま

はじまりの話

今から10年以上前のこと。母はもともと信心深い人で、毎朝早くに近所の氏神《うじがみ》神社（氏神＝同じ地域に住む人たちが共同でお祀りする神様）にお参りする習慣がありました。

その日も、ほんのりと赤みを帯びはじめた空の下、いつものように氏神神社へとお参りに行きました。すると突然、「よく参られた!!」と男の人の声がしたのです。

まわりを見渡しましたが、まだ朝日も昇る前のひっそりとした境内には、誰一人見当たりません。母は「そんなわけない……気のせいか……」と不思議に思いながらも神社をあとにしました。

翌日、同じ時間に氏神神社へお参りに行った母。本殿の前で手を合わせると、**目の前に両脇に巫女さんを従えた仙人のようなおじいさんが現れたのです。**そのおじいさんは、母に向かって「よく参られた!!」と声をかけました。母は驚き、もう一度本殿をよく見てみましたが、そこにはもう誰の姿もありませんでした。

帰宅した母は、この不思議な体験を父と私たち姉妹に話しました。ですが、話を聞いた私は正直面食らいました。

母はおかしくなってしまったのだろうか……。

私たち家族は、以前から他の人より神社に行くことが多いほうだったと思いますが、当時は神様の存在を確信していたわけではありません。ですから、突然「神社で仙人と会った」と言われても「はいそうですか」と信じられるはずがなく、変なことを言うようになった母を心配するのは当然のことかと思います。私と同じように、家族もみんな母のことを心配していました。

その後、このせいかはわかりませんが、母は頭痛で寝込むことが増えました。私たちは「もしかすると、本当に頭がおかしくなったかもしれない」と本気で悩んでいたのです。

不思議な力

私たちが母を心配する中、久しぶりに私の昔からの友人・Aさんが家を訪ねてきました。Aさんのことは母も昔から知っていて、数年ぶりに顔を合わせることになります。

母は「久しぶりねぇ！」と微笑《ほほえ》み、私と母、Aさんと三人でしばらく何気ない話をしていました。

すると母が突然「いろいろ大変だったねぇ。でも、昔の彼氏より今の彼氏のほうがずっとAちゃんを幸せにしてくれるよ。もうバカなことしちゃダメよ！」と、Aさんに語りかけたのです。

Aさんは母の話を聞いた途端、泣きだしてしまいました。

私は驚き、「なぜそんなことを言うの!?」と尋ねると、母は**「Aちゃんを見たときにその情景が浮かんで、Aちゃんのそのときの悲しみや苦しみを感じたのよ」**と言うのです。

実は以前、Aさんには結婚を見据えて長く付き合っていた彼氏がいました。しかし、その彼氏が他の女性と交際を始め、振られたAさんはあまりのショックで自殺未遂をしてしまった、という過去があったのです。

幸いにも、Aさんには新しい彼氏ができ、今はとても大切にされているそうです。彼のおかげで立ち直ることができたので、我が家にも足を運べたようでした。

さらに母は、「今の彼氏はこういう人でしょう?」と、まるで見てきたかのように彼の人柄を言い当てたのです。

Aさんのことを次々と言い当てる母を、私は不思議な気持ちで見ていました。

仙人のようなおじいさん

下の妹のももが次女を産んでから数日後。実家に帰ってきたももが赤ちゃんにおっぱいを飲ませていると、突然母が「あ！　今、初めて話された！『かわいいのぅ！』だって！」と声を張り上げました。

ももが「誰？　何のこと？」と聞くと、母はこんなことを語りだしました。

「実は……**神社で仙人のようなおじいさんを見たときから、気づいたらずっとそのおじいさんが私について来られてて。**いつもというわけではないけど、ずっとそばにいらっしゃるのを感じるの。今までは何度話しかけても、何もおっしゃらなかった。今もここにいらっしゃるんだけど、さっきこの子を見て初めて『かわいいのぅ』って言われたから驚いたのよ！」

その直後、母には再びそのおじいさんの声が聞こえてきたそうです。

「えっ!?　この子は神の子だって！**『人はみな神の子ではあるが、この子は普通の子ではない。伊勢神宮の子安《こやす》神社にていただいた子』**だと言われたの」

それから母は、おじいさんが語ったという、この子の将来像を事細かに話してくれました。

ももは、突然不思議なことを語る母に驚きを隠せません。

「お母さん、急にどうしたの？」

「今、この子の未来をまるで映画を見るように、走馬灯のように見せていただいたのよ。驚いた、今のは何だったんだろう……」

もとより素直なももは、母の言葉を信じました。そして、障がいのある長女のことも聞いてみることにしました。母は目を瞑り、おじいさんにうかがっている様子でしたが、しばらくして長女の未来も母は語りだしました。

この一件をももから聞いた私は、「これは大変なことになった！」と、ある人に連絡を取ることにしました。

霊能者の先生との出会い

母が不思議な体験をするよりずっと前の話。私はもともと占いが大好きで、若いころからさまざまな種類の占いの先生に見てもらっていましたが、なかなかピンとくる方はいませんでした。

そんなとき、同じく占い好きの友人に「この先生はすごいよ！」と、ある霊能者の先生を紹介されました。

人気の先生とのことで、予約を入れてから会えることになったのは数カ月後。失礼ながら「霊能者？　怪しいなあ」と思っていたのは事実です。でも、どんなものか見てみたいという気持ちも強かったのです。

迎えた当日。部屋に入ると、先生は私を見るなり「ベッドの上の洗濯物を畳みなさい！」と叱りました。恥ずかしながら私は片付けが得意なほうではありませんし、特にこの日は約束の時間に遅れそうで、「帰ってきてから畳めばいいか」と、自宅のベッドに洗濯物を溜めたまま家を出てきていたのです。

いきなり叱られたのはショックでしたが、それよりも、なぜわかったのか私は不思議でなりません。

「見えてますよ。玄関に靴が山積みなのも見えてますよ」

首を傾げる私に、先生はそう教えてくれました（事実、その通りでした）。続けて、初対面の先生が知るはずもない事実を次々と言われ、私は心底驚きました。

先生の能力に感銘を受けた私は、義母（夫の母）の病気の話を切りだしました。すると、私が病名を明かす前に、先生は「お義母さんはね。旦那さんへの不平不満がとても多く、人にもあまり言わないから、それが全部胸に溜まってるわ。だから、乳ガンや肺ガンになるのよ」と言うのです。実際、義母は乳ガンと肺ガンを患《わずら》っていました。

さらに「でも残念だけど年は越せないわ。10月に亡くなってしまうわ」と続けました。このときまだ元気だった義母は、急に容態が悪くなり、先生の言うとおり10月に亡くなってしまったのです。

こんなことがあって以来、私はこの霊能者の先生を信頼し、何か悩み事があると相談するようにしていました。

"ひらいた"母

母の身に起こった不思議なことの数々。ももから話を聞いたときに真っ先に私の頭に浮かんだのが、前述した霊能者の先生です。私はすぐさま先生に電話をし、状況を説明しました。

「先生！　母が大変なことになったんです‼」

「お母さんはひらいたのね……」

ひらいた？

「**『神様とつながった』『神様のお姿が見え、お声が聞こえるようになった』**ということですよ。そして『上（神様）』につながったということは、『下（霊）』ともつながったということだから、これからは霊も見えるからね。でもね、下が見える人は多いけど、上とつながるというのは何かしら意味があることなのよ」

先生は丁寧に説明し、今後私たちがどうすべきか助言してくれました。

「最初が肝心だからよく聞いてね。あなたや家族は、お母さんに何でもやみくもに質問して感応させないこと。神様と長時間つながると、頭が痛くなっちゃうから。お母さんは何かのお役目があってこのようになったの。そのお役目というものが何かは徐々にわかってくるはずよ。毎日神棚に向かって手を合わせて『なぜこのようなお力をいただいたのですか？』とお聞きしてみてね」

私が急いで母に先生の言葉を伝えると、真面目で素直な性格の母は、毎朝神棚に手を合わせて「なぜこのようなお力をいただいたのですか？」と尋ねる日々を過ごすようになりました。

病院のおばあさん

こうして、母が〝ひらいた〟ということがわかりましたが、神様とつながっただけではなく、霊が見えるようになったということは気がかりです。

「**もし霊と目が合ってしまったら、合言葉は『見ない、聞かない』。**目が合うと、さまよっている霊が助けを求めてやって来る。だけど、こちらからは何もしてあげられないんだから、知らないふりをするの。万が一うっかり目が合ってしまったらついて来ちゃうから、そのときは目をそらせて『私は何もできないから。ごめんなさいね』と念じなさい。きちんと神様に手を合わす心を持っていれば大丈夫よ」

先生からはそう教えていただきましたが、そのときの私たちには理解が難しい話でした。

それからほどなく、母が病院に行ったときのこと。待合室で座っていた母が、ふと奥向かいに目をやると、おばあさんが立っていて目が合ったそうです。その瞬間、そのおばあさんがスーッと寄って来て、何かを言いたげに母の目の前に立ったのです。

「あっ！　この人は生きてない」

母は直感的にそう思ったようですが、もうすでに目が合ってしまっていて、おばあさんは目の前にいます。

ここで先生の言葉を思い出した母は「ごめんなさいね……。こうして目の前にいられても何もしてあげられません」と何度も念じました。そうすると、そのおばあさんはスッと消えていなくなったそうです。

このときは何事もなく幸いでしたが、その後もっと怖いことが母の身に起こることになります。

靖國《やすくに》神社

幽霊のおばあさんの件からしばらくして、母は父と一緒に靖國神社参拝のため上京しました。私の父方の祖父が戦争で亡くなっていて、父は以前より参拝したいと考えていたそうです。

靖國神社の鳥居をくぐったとき、母はとても驚いたそうです。そこには**軍服を着た大勢の兵隊さんが歩いていて、まるで戦争の時代に戻ったような光景が広がっていました。**

母は隣を歩く父にこのことを話しましたが、もちろん父には兵隊さんの姿など見えていません。

さらに驚いたことに、母も写真でしか見たことがないという、**戦争で亡くなった祖父が現れ、境内を案内してくれたというのです。**葉が落ちた木々を見ていると、祖父は「これは桜の木だよ。春になったら綺麗だよ」と、満開の桜を見せてくれました。季節は冬。本当に咲いているわけではありません。ですが、母にだけはしっかりと桜の花が見えたそうです。

ご祈祷では、母と父の二人だけなのにたくさんの人の名前が呼ばれるのを、母は不思議に思っていました。すると祖父は「遠方で靖國神社に来られない遺族の方々が、ご祈祷を頼んでいるんだよ」といったことを教えてくれました。それから祖父は、「私の息子夫婦が来てくれた」と、戦友たち数人に自慢してニコニコ笑っていたというのです。

嬉しそうな祖父を見た母は「戦没者は本当に靖國に帰って来ているんだな。そして家族の参拝を待っているんだな」と、たいそう感動したといいます。

と、ここまでは良かったのですが、ご祈祷が終わって父と母が境内を歩いていると、前から片足がない兵隊さんが杖をついてゆっくり歩いてきました。母はその兵隊さんとうっかり目が合ってしまったのです。急いで目をそらし、振り返ることもしなかったので、それで終わったと思っていたのですが、恐怖はその夜から始まりました。

その夜、都内のホテルに宿泊していた母に異変が起こりました。深夜、金縛りのように体が動かなくなったのです。かろうじて目を開けて足元を見ると、**昼に靖國神社で目の合った片足のない兵隊さんが杖をついて立っていました。**

母は恐怖を感じましたが、声が出ません。心の中で「ごめんなさい！　何もしてあげられません！」と必死に念じました。

しかし、その兵隊さんは「苦しい……助けて……」と言い続け、翌朝になっても母にすがっていました。

残念ながら、兵隊さんは自宅にまでついて来てしまいました。それだけでなく、**日に日に兵隊さんの数は増えていき、数日もすると、夜な夜な大勢の兵隊さんに囲まれる事態になっていました。**

これには母もすっかり参ってしまいました。母は日課の神棚へのお参りを欠かさず、「この苦しみから救ってほしい」と、毎日手を合わせました。

するとある日、「お参りに来られよ」という声が頭の中で響いたのです。

どこかで聞き覚えのある声。

それは、氏神神社で出会った仙人のようなおじいさんの声でした。

氏神神社に毎日お参りしていた母。しかし、靖國神社から兵隊さんがついて来たことで睡眠不足に陥っていた母は、帰郷後、お参りできていませんでした。母は急いで氏神神社に向かいました。

神社の前に着くと、あの仙人のようなおじいさんが目の前に現れ、母の頭上に大量の塩のようなものを撒いてくれました。兵隊さんたちを祓ってくれたのです。

私はその直後の母に会ったのですが、母の肩には本当に塩がかかっていたのを覚えています。

それ以来、兵隊さんたちが母のところに現れることはなくなりました。

龍神さま　〜小さな青い龍と雄山《おやま》神社〜

母は徐々に神様を身近に感じるようになっていきました。

そんなある日、母が「最近、小さな青い龍が私のまわりにいる……」と言いだしました。

「数日前、いつものように朝に神棚でお参りをしていると、**神棚から突然小さな青い龍が**

出てきたの。最初は現れてはいなくなり……という感じだったけど、最近はずっと私の近くにいらっしゃる。龍神さまなんだと思う」

母はとても嬉しそうな顔をして「今もここにいらっしゃるよ」と言うのですが、残念ながら私には見えません。そしてその小さな青い龍神さまは、最初に比べると少しずつ大きくなっていると言います。

母は神棚に手を合わせて「なぜ龍神さまが来てくださったのですか？」と尋ねると、神棚から「雄山神社に参られよ……」という声が聞こえてきたそうです。

富山にある越中国一《えっちゅうのくにいち》の宮《みや》・雄山神社は、母も私も比較的近くに住んでいたものの、そのときはまったく知りませんでした。調べてみると、雄山神社は富山県の立山にあり、立山山頂にある峰本社《みねほんしゃ》、芦峅中宮《あしくらちゅうぐう》祈《き》願殿《がんでん》、岩峅前立社檀《いわくらまえだてしゃだん》の三社で成り立っているとありました。

声に導かれるまま、母と私は雄山神社に参拝することにしました。

まずは岩峅前立社檀へ。そこは富山市内から車で約30分の静かでのどかな場所にありました。

大きな鳥居をくぐり、長い参道を歩くと、きれいな境内の奥に本殿があります。母は「初めて来たのに、初めてではないような不思議な感覚」と、一つ深呼吸をしました。

母が本殿の前で手を合わせてお参りすると、力強い大きな声が聞こえたと言います。

「よくぞ参られた！　待っておったぞ。中宮に参れ」

言われたとおり、私たちは急遽、芦峅中宮《あしくらちゅうぐう》祈《き》願殿《がんでん》に向かうことにしました。

岩峅前立社檀《いわくらまえだてしゃだん》からは車で15分ほど。それほど離れてはいないのに、芦峅中宮祈願殿は岩峅前立社檀とはまったく雰囲気の違う山の中にありました。敷地はとても広く、厳《おごそ》かな空気が流れています。森のような場所にポツンと本殿が見えました。

本殿の中には誰もいらっしゃらない様子でしたが、普通の神社とは違い、本殿に入ってお参りできるようになっていたので、私たちは中に入ってお参りすることにしました（現在は神職の方がいらっしゃって、自由に入ることはできなくなっています）。

祭壇はロウソクが立てられるようになっており、その前には座布団が並んでいます。神社ですが、お寺のような雰囲気も感じられる場所でした。

私たちは座布団の上に正座し、ゆっくりとお参りさせていただきました。

どれだけの時間がたったでしょうか。お参りを終えた私がそっと母のほうを向くと、母は涙をこぼしながらつぶやきました。

「光とともに、タヂカラオの神様が降りてきてくださった」

雄山神社の御祭神は、伊邪那岐神《いざなぎのかみ》様、天手力雄神《あめのたぢからおのかみ》様です。その**タヂカラオの大神様が、母の目の前まで降りてきてくださり、母に静かに語りかけたそうです。**

「よくぞ参られた。待っておったぞ……」

「なぜお呼びくださったのですか?」

「お主の前世は熱心な立山信仰者で、今もなお魂は立山にある……。その縁でつながった。お主も信心深くいとおしい。ゆえに眷属神《けんぞくしん》の龍神を向かわせた。これからは何でも困ったことがあると、その龍神に聞くがよい」

タヂカラオの大神様はそれだけおっしゃると、また光とともに上にスーッと上がり、消えていきました。

母は感動で涙が止まりませんでした。

本殿の中を見回すと、青い龍神さまが描かれた衝立《ついたて》がありました。母についてくださっている龍神さまもこのような姿なのかと思い、尋ねてみると、「もっと濃い青色で、虎のようなお顔をしている」とのこと。

私は見たことのない龍神さまに思いを巡らせていました。

タヂカラオの大神様からの大切なメッセージを受け取り、母と私は雄山神社を後にしました。

母に入った龍神さま

帰宅後、私はさっそくこのことを霊能者の先生に報告しました。

「それは素晴らしいよ！　そういうことなら、これからは毎朝、神棚で龍神祝詞《のりと》を上げなさい。龍神さまはどんどん変化しますよ。そして**龍神さまに何かお聞きしたければ、龍神祝詞を上げてから『私の体の中にお入りください』とお願いして、体の中に入っていただき、身も心も龍神さまに委ねてお答えしていただきなさい**」

先生からそう言われてから、母は毎日神棚で龍神祝詞を上げるようになりました。

母が言うには、龍神祝詞を上げると龍神さまは母のまわりをグルグル回ったり、母の頬に触れたり、天井を抜け天まで昇って行き、再び降りて来たりしたそうです。

母は「とても喜んでくださっているのがよくわかる」と、嬉しそうにしていました。

そんな中、ある朝私が座っている母に声をかけようとすると、**母に透明のクリスタルの**

ような龍神さまが重なっていくのが見えたのです。私は驚き、体が固まってしまいました。

見てはいけないものを見てしまったと思い、そっと目をそらそうとしたそのとき、母がゆっくり、ゆっくりと私のほうを向き、恐ろしい目でジロリと睨みました。

「見ぃーたぁーなぁ――っ」

それは母の声ではなく、聞いたこともない太く低い声でした。私はあまりのことに腰を抜かして動けなくなってしまいました。

しかし次の瞬間、母はいつもの母に戻っていました。

母の体に龍神さまが入って一体化していた。私は母にこのことを教えましたが、当の母はまったく覚えておらず、微笑むだけでした。

母はそのとき、間違いなく龍神さまになっていたのだと私は思います。

龍神さまの変化

母に龍神さまがついてくださるようになり早十数年……。さまざまな不思議なことがありました。そのうちの一つは、龍神さまの変化です。

母によると、最初についてくださった青い龍神さま（青龍さま）は、だんだん大きくなっていったそうです。

そしてある日の朝、母が自宅の神棚で龍神祝詞《のりと》を上げていると、銀色の龍神さまが降りてきました。それを境に、母の前にはいつも銀色の龍神さまが降りてくるようになったといいます。

「青龍さまが変化したの？　それとも違う龍神さまがいらしたの？」

「きっと違う龍神さまだと思う。最初の青龍さまより落ち着かれている感じがするの。たまに青龍さまが来られることもあるけど、今は毎朝お呼びするとほぼ銀色の龍神さまが来られるの」

それから数年。さらに違う龍神さまも現れるようになりました。

「今日は珍しい金色の龍神さまが現れたよ。とても綺麗な金龍さまなのよ！」

「また別の龍神さま？　どこから来られたの？」

「きっと雄山神社ね」

前述のとおり、富山県の雄山神社は母がご縁をいただいた神社です。

龍神さまの変化について興味を持った私と母は、再び雄山神社に参拝に行き、なぜ龍神さまが変わったのかを尋ねることにしました。

雄山神社・中宮祈願殿にて、母は黙ってゆっくりと手を合わせお参りします。それから隣で手を合わせていた私に、母は静かにこう言いました。

「やはり、最近現れた金龍さまもタヂカラオ様のお使いなんだって。なぜ変化したかというと、私の神格が上がったからとのこと。だから、青から銀、そして金へと、ついてくださる龍神さまが変化していったのね。龍神さまにも格があるそうよ。不思議ね。今も龍神祝詞を上げたら、以前ついてくださっていた青龍さまや銀龍さまもお出ましくださったけど、そのときどきで来てくださる龍神さまも変化するんだって」

そう言って再び母は手を合わせました。すると突然、今までの母の声とは違う低い男性のような声で語りはじめました。

「この者はたくさんの神社に参拝し、さまざまな神々とも縁ができておる。ゆえにコノハナサクヤヒメ、九頭龍《くずりゅう》、そして竹島（愛知県）の黒龍ともつながっており、呼べば来るであろう。そのときどきで来る龍神も変化するであろう」

話し終えると、母はフッと肩の力が抜けたようになり、表情も声も母のそれに戻っていました。

「そうか。だからなのね。この間、いつもの龍神さまではない、いぶし銀の龍神さまがやって来られて、どこから来られたのかと思っていたのよ。あれは九頭龍さまだったのかな。

真っ黒な龍神さまが現れたときもあったけど、こちらは竹島の黒龍さまだったのね。たくさんの神様や龍神さまとのご縁をいただいて、本当にありがたいね」

母は腑に落ちたようでした。

「前に竹生島《ちくぶしま》に参拝したとき、龍神祝詞《のりと》を上げていると、琵琶湖に住んでおられる龍神さまが現れて『何か困ったことがあれば、我を呼ぶがよい』とおっしゃってくださったことがあった。伏見稲荷大社《ふしみいなりたいしゃ》の稲荷山に登る途中に、伏見神宝《かんだから》神社の龍神さまにお参りしたときにも『こちらで困ったことがあれば駆けつけるぞ！』と言ってくださったことがあったね。その後、京都の神社を回っていたら大雨が降ってきたでしょう。まだ参拝したい神社も残っていたから、手を合わせてお願いしたら、大雨が嘘のようにピタッと止んだわよね。あのときは京都にいたから、伏見神宝神社の龍神さまの名前をお呼びしてお願いしたのよ。そしたら本当にピタッとあのときだけ雨が止んでお参りすることができた。そのことに感謝したら、『お安い御用』とばかりに龍神さまが姿を見せられて空に舞い上がられてね」

それは私もその場にいたのでよく覚えています。天候がガラリと変わるとても不思議な体験でした。

「あれから、伏見稲荷大社や京都での困り事は、いつも伏見神宝神社の龍神さまにお願いしているのよ。伏見稲荷は大人気の神社だから、毎回駐車場が混雑していないか心配なんだけど、行く前に伏見神宝神社の龍神さまに手を合わせてお願いすると、不思議なことに満車のはずの駐車場を空けてくださるの。京都でお財布を落としたこともあったけど、あのときもすぐに見つかったのは、伏見神宝神社の龍神さまのおかげね」

母の神格が上がるにつれて、龍神さまの格が上がる。そのことを知った母は「私も恥じぬように日々精進していかないとね」と心に誓ったのでした。

龍神さまの謎

母から龍神さまの話を聞くようになってからも、龍神さまの姿を見られない私には、まだまだ知らないことばかりです。

私は龍神さまについて母に尋ねてみることにしました。

「よく龍神さまにお聞きしてお言葉をいただいているけど、毎度別の龍神さまなのかしら？　今は金龍さまが横におられるの？」

「雄山神社から来られている金龍さまは、雄山神社にお参りしたときに喜んで空に昇っていかれたよ。お呼びすれば来てくださるけど」

「青龍さま、銀龍さま、金龍さま、それぞれがお母さんにいつもついてくれてるわけではないんでしょう？」

「もちろん。お呼びすると光の速さで来てくださるけど、いつもピッタリ横におられるわけではないよ」

「じゃあ龍神さまはどこで何をしてるの？」

「空の雲の上を泳いでいらっしゃる。そして神社に来る人たちを見ている。休むときは海や川にも行かれるよ。いろいろなところをグルグルと回って見ておられる。そして神様を守り、お手伝いをしているの」

「龍神さまはとてもお忙しいのに、お母さんがお呼びしたら来てくださるなんてありがたいことね」

「本当にそう。だから私も感謝の念を伝えたくて、毎朝ロウソクに火を灯し、お線香を焚いて、お水、お酒をお供えして、龍神祝詞《のりと》を上げて、手を合わせる。その感謝と敬いがあってこそ、龍神さまは私のところにやって来てくださっているの。それは神様も同じこと。**いくら神様とつながっていても、毎日の感謝がないと徐々にご縁も薄くなり、神様も来てくださらなくなる。何事も驕《おご》らず、偉ぶらず、日々感謝よ**」

そんな母には最近、クリスタルに輝く透明の龍神さまが来てくださるようになりました。

「それはそれは美しい」と母は目を細めます。

いつか私も、その美しい龍神さまを感じてみたいと思ったのでした。

天女さまとの出会い

実は母には龍神さまだけでなく、いろいろと母のお役目をお手伝いしてくださる天女さまがついてくださっています。名前は「さくらさん」といいます。

天女——聞いたことはあっても、あまりピンとこない人も多いかと思います。

さくらさんとの出会いは、もう10年以上前になります。きっかけは、あの霊能者の先生でした。

先生は本を出版されていて、その本の中に天女さまが登場します。私は母がひらく前にその本を読んだのですが、当時は正直あまりピンとこず、逆に疑いの目を向けていたことも事実です。

ですが、母がひらいたことで私もさまざまな経験をして、再度この本を読み返してみると、納得できること、理解できることがたくさんあることに気づきました。以前とは違う気持ちで、夢中になってページをめくっていくと、先生が天女さまとお参りしたという話に興味を持ちました。

「天女……昔話では聞いたことがあるけど、詳しく知りたい」

そう思った私は、母を連れて先生のもとを訪ねました。

「先生、天女さまについて教えていただけませんか？」

「天女さまは、お呼びすると天界から降りてこられるのよ。天界とつながっているお母さんも、お呼びしてみるときっとすぐ降りてきてくださるわよ。きっといろいろお手伝いもしてくださるわ。昔、私もひらいた当初、感応したくて一人でいろんな神社にお参りに行ってたんだけど、実は天女さまと一緒だったから、全然寂しくなかったの。『このお花かわいいわね』とか『お天気がいいから気持ちいいね』なんて、天女さまと会話しながらお参りしていたけど、まわりの人は天女さまが見えないから、一人で話している私のことをおかしな人だと思ったはずよ。最近は神様にお手伝いしていただいているから、天女さまに来ていただくこともなくなってお呼びしてないけど、久しぶりにお呼びしてみようかしら？」

「天女さまとは何ですか？」

「**天女さまは天界にお住まいの方よ。天使ともいうわね。見る人の感性やそのときの気持ちによって、天女にも天使にも見える。常に天界とつながっていて、この人には必要だと思われると神様が遣わしてくださる。**そして、お呼びするといつも決まった方が降りてきてくださるの」

「そうですか。それなら母はできるかもしれませんが、私では無理ですよね」

「手を合わせて『天界にお住まいの天女さま、私のもとに降りてきてください』と毎日お願いしてごらんなさい。降りてきてくださるかもしれないよ。でもね、天女さまが降りてこられても、見ることや感じることができるかは、あなた次第だけどね」

それなら私には見えないかもしれない。私は少しガッカリしました。

「お母さんはもうひらいているから、明日にでもお呼びしてみたら？　きっとすぐ降りてきてくださるよ。降りてきてくださった天女さまは、お名前を付けてお呼びするといいわよ。私の天女さまも『ききょうさん』って名前を付けてお呼びしてるのよ」

先生についていらっしゃる天女さまは綺麗な名前だなぁ……、そんなことを考えていると、先生はゆっくりと、そして強い口調で、母に釘を刺します。

「降りてくださった方が本当に天女さまなのかどうかは、すぐにはわからない。実は、天女さまは現れると必ずある変わったことをされるの。天女さまが現れたら何をされたか教えてね！　それで本当に天界の天女さまなのかわかるから。それと、これは絶対守ってほしいこと。天女さまにどんなことをされたかは、私以外、誰にも言わないでね。家族にも絶対に話しちゃダメよ」

何をされるんだろう。私はそれを知ることができないことがとても残念でした。

翌朝、母は日課のお参りの際に、さっそく天女さまを呼んでみました。すると、**綺麗な羽衣を羽織った天女さまが、母の前に降りてきたのです。**

母が言うには、その様子は、天使がキラキラと天から降りてこられる絵画のようだったと。そして、天女さまの姿は、どこかまだ幼さが残る中学生ぐらいのかわいい様相だったそうです。

母は、本当に天女さまが降りてきてくれたと感動していました。

「先生がおっしゃったように何かされたの？」

「うーん、これがそうなのかわからないけど、ある変わったことをされたの。今度先生にお聞きしてみるわね」

私は、母が天女さまにいったい何をされたのかが気になって仕方なかったのですが、母は先生から口止めされています。聞きたい気持ちを必死に抑えるしかありませんでした。

母はその天女さまの名前を「さくらさん」に決めました。

「お顔を見てからお名前を決めようと思っていたの。とっても初々しくて、さくらさんというお名前がピッタリなのよ。本当はさくらちゃんっていうぐらいの年齢に見えるんだけど。本当にかわいいの。ニコニコしながら私のまわりをクルクルッと回ったりして」

そう喜ぶ母は、少女のような笑顔を見せました。もしかしたら、母の隣でさくらさんも同じように笑っていたのかもしれません。

後日、母は先生に電話をして、天女さまの行動について尋ねました。

「そうそう！　それよ。**それなら本物の天女さまだね。**これからはそのお名前でお呼びなさい。天女さまも成長されて、きっとあなたを助けてくれますよ」

先生から太鼓判を押された母は、天女さまとの出会いに感謝し、喜びをかみしめていました。

紫色の羽衣

母が天女さまを呼べるようになってしばらくたってから、私も思いがけず天女さまを感じることができた嬉しい出来事が起こります。

母が我が家に立ち寄ったときのこと。母は我が家の神様部屋（神棚のある部屋）でお参りしてから帰ると言い、部屋に入っていったので、母について私も神様部屋に入ると、紫色のふわりとした薄い布のようなものが見えたのです。

あれ!? 今のは何？ 羽衣？ もしかしてさくらさん!?

そう直感しました。

「ねぇ、お母さん！ 今、天女のさくらさんも一緒じゃない？ もしかしてさくらさんは紫の羽衣をまとわれている？」

「そうよ。今ここにいるよ。羽衣が見えたの？」

「見えたの！ さくらさんという名前だから、てっきり羽衣はピンク色だと思っていた。紫なの？」

「あら？ かえで、少し感じることができるようになったんじゃない？」

もしかしたら、私の前にも天女さまが現れてくれるかもしれない。

それを機に私は、まだお会いしていない天女さまに「さらさん」という名前をつけました。そして、毎朝の神棚でのお参りの際には「さらさん！」とお呼びして声をかけています。

しかし残念ながら、まだ私の天女さまは現れていません。もしくは、先生が言っていたように、すでにいるのに私には感じられないだけなのかもしれません。まだまだ修行が足りないのだと噛みしめています。

龍神さまが語る天女さまの正体

母のもとに天女さまのさくらさんがやってきてから、もう10年以上たちます。母が言うには、さくらさんも成長し、すっかり美しい大人の女性のようになっているそうです。

「最近もさくらさんは来てくださってるの？」

「もちろん！　昨日も藤紫色の大きな風呂敷を持って降りてきてくださって、お手伝いをしてくれたよ。昨日はね、若い天女さん二柱を伴っていらっしゃったのよ。初めて降りてきてくれたときのさくらさんのような、少女のような天女さんたちだったわ」

母によると、天女さまの見た目は人間のようで、着物を着ていて、髪の毛は長く後ろで結んでいるそうです。おとぎ話で見るような羽衣をまとい、いつも空からフワフワと降りてくると言います。

あるとき、私は龍神さまに天女さまについて尋ねてみました。

実は、母に龍神さまが乗り移っているわずかな時間、私は龍神さまと直接会話ができます。

龍神さまを呼ぶにはまず、母は神棚の前で手を合わせ、龍神祝詞《のりと》を唱えて龍神さまに祈ります。

「龍神さま、どうぞ私の中にお入りください。そして、私たちの質問にどうかお答えください……」

そう言うと、両手を高く上げ「ほぅーーーーーーーーーー！」と大きな声で叫びます。それから咳き込んだ後、体がくねくねと動きだします。

「……何じゃ……」

太く低い声で話しはじめる母。雰囲気が変わったのがわかります。龍神さまが降りてきてくれた瞬間です。

「天女さまは神様のお使いですか？」

「そうである、神の使いである」

「母の天女さまは、神様のお使いでついてくださっているのですか？」

「ツキヨミの使いである」

ツキヨミ様のお使い！

母の家には、ツキヨミ様の小さい石のお社《やしろ》があります。神社の末社《まっしゃ》として小さな石をお祀りしたお社がありますが、まさにそれです。

数年前、霊能者の先生が、知り合いの石屋さんが廃業されるというので「好きなものがあれば持っていってください」と言われたことがあったそうです。そこにツキヨミ様の月のマークが彫られた小さいお社があり、先生は一目見て、これをどうしても母に渡したいと思ったとのこと。それで、わざわざ関東から北陸に運んでくださり、母の家の玄関にこのツキヨミ様のお社を設置しました。

当時、ひらいたばかりの母はとても喜びました。お社の中にツキヨミ様のお札《ふだ》を入れ、毎日手を合わせて「月待ちの祓い」というツキヨミ様の祝詞を上げ、ご縁をとても大切にしていたのです。

天女のさくらさんが、お導きのようにやって来られたツキヨミ様のお使いだったとは。私も本当に驚きました。

「では、先日二柱の少女のような天女さまがついて来られたと母は話していたのですが、その天女さま方も母についてくださるのですか？」

「そうではない。それらもツキヨミの使いではあるが、見習いのようなもの。呼ばれてやって来た天女に、勉強のためついて来たのであろう」

「最初、さくらさんは少女でしたが、今は大人の女性になったと母は話します。天女さまも年をとるのですか？」

「とる」

「母のもとに降りてきてくださる天女さまはみなさん女性でしたが、天女とは女の子だけなのですか？」

「そうである」

「天女さまはもともと人間なのですか？　人間が神様の修行をしてなられるものなのですか？」

「元は人であるが、幼くして亡くなった純粋無垢な子どもが、生まれ変わるべくなっておる。穢《けが》れのないものでないと務まらぬ」

「天女さまは普段はどこにいらっしゃるのですか？　空の上の龍神さまと同じところにいらっしゃるのですか？」

「同じところにはおらぬ。天女は神の使い。仕える神のところにおる。そこで待機しておる。さまざまなことを神と相談し、下の様子を見に行くこともある。とてもかわいいのぅ」

神様と直接話せたり、龍神さまに体に入ってもらうことができたりする母を通して、私たちも、神様、龍神さま、天女さまなど、目に見えない存在についての学びが深くなっています。

たくさんの驚きとともに、神様の大きな力と、それに導かれ、守られていることへの喜びを感じながら、私たちは一日一日を大切に生きています。

第2章

夢のお告げ

伏見稲荷大社《ふしみいなりたいしゃ》（京都府）

不思議な夢

母がひらいた直後、私たちが全国の神社仏閣巡りを始めたころのこと。私は夢を見ました。

真っ白な光景の中、歩いていると目の前に赤い鳥居がたくさん現れました。私はその鳥居をくぐって歩みを進めます。すると、その稲荷神社の前の狛狐《こまぎつね》さんがこちらを見て手招きしているのです。

「おいで……おいで……」

私を呼ぶ声の方向——神社に近づこうとしたところで目が覚めました。

だいたい、夢を見たときはいつの間にか忘れてしまい気にもしないのですが、この日の夢は違いました。**起きたとき、今さっき体験したことのようによく覚えており、私のことを呼んでいた狛狐さんの顔まではっきりわかるのです。**

時間がたってもすみずみまで鮮明に覚えていました。

ですが、当時の私は稲荷神社にはほとんどお参りに行ったことがなく、お稲荷さんと縁が深いとは言えませんでした。ましてや、神社の夢を見ることも初めてだったので、これは何かあるのではないかと思い、いつものように母に入った龍神さまに尋ねてみることにしました。

龍神さまが言うには、「それは良かった。**稲荷の神に呼ばれたのじゃのぅ。**稲荷に頼んでくるがよい」と。

後にその話を母にすると、「お稲荷さんに呼ばれたね。神社の夢はそうそう見るものではないから。神社の夢には意味があるのよ。旦那さんと一緒に、すぐに京都の伏見稲荷大社に行っておいで」と喜んでいました。

私もどこか引っかかっていたので、母の言葉を信じ、夫を誘って京都の伏見稲荷大社に向かうことにしたのです。

伏見稲荷大社への参拝

私の夫は小さな会社を経営しています。そのころ、会社の業績は低迷していて、夫はいつも大変そうにしていました。でも、私にはどうすることもできず、神棚の前で祈ることしかできない日々を送っていました。

そんなときに見たのが、この稲荷神社の夢だったのです。

京都市伏見区にある伏見稲荷大社は、昔から商売繁盛の神様として知られる全国の稲荷神社の総本山です。もちろん私も名前は知ってはいましたが、あまり詳しく知らず、行ったこともありませんでした。

夫と二人、初めての伏見稲荷大社に到着すると、その日はちょうど「本宮祭《もとみやさい》」というお祭りで、最も近い第1駐車場は満車。私たちは第4駐車場まで回されるほどの人出でした。第4駐車場から歩いて15分、ようやく伏見稲荷大社の鳥居をくぐります。

当時から外国人観光客に人気のスポットですが、外国人だけではなく日本人観光客も多く、大変賑わっていました。伏見稲荷大社の人気ぶりがよくわかる人出です。

たくさんの人をかきわけ、ようやく境内に入ると、狛狐さんがたくさんいらっしゃいました。私は「夢で呼んでくださってありがとうございました」と心の中でお礼を言いました。

それからお酒をご奉納し、ご祈祷をさせていただきました。本宮祭だったからか、ご祈祷をする人は大勢いて、中には誰もが知っているような大企業の社長さんも何人かを伴ってご祈祷していました。

龍神さまの言うとおり、商売をしているなら伏見稲荷にお参りさせていただくものなんだなと思いました。

その後、驚くことに、ご利益はさっそく翌日に現れたのです！

お稲荷様のご利益

私たち夫婦が伏見稲荷大社にお参りに行ったのは日曜日でした。

その翌日の月曜日の朝のこと。夫が出社してＦＡＸをチェックすると、なんと大きな仕事の依頼が入っていたのです！

夫は普段は無口でおとなしい性格ですが、そのときは珍しく興奮して喜びの電話をかけてきました。

あまりの即効性に驚いた私が母にこのことを伝えると、母はどこかわかっていたかのように私を諭しました。

「さすが稲荷の神様は仕事が早いね。でもその分、こちらもきちんとすぐにお礼参りをしないといけないよ。神様はバチなどあてないけど、稲荷の神様はちゃんとしないと怖いのよ」

確かに母の言うとおりです。

「敷地内に稲荷の神様をお祀りしている会社があるけれど、一代目の社長がきちんとしていても、二代目、三代目……と代替わりすると、あまり大事にしなくなることがある。それは一番いけないのよ。絶対に会社がうまくいかなくなる。それならもう神様をお返ししたほうがいいのよ。それと同じで、稲荷の神様をお祀りしてるのにきちんとできないならしないほうがいいし、お札が神棚にあるならお返ししたほうがいい。今後はその覚悟を持って稲荷の神様をお祀りしなさいね」

母の言葉に納得した私たちは、次の週にお酒を二升持ってお礼参りに行きました。

それ以来、ご縁をいただいた本宮祭《もとみやさい》に、毎年夫婦で行こうと決めたのです。

伏見稲荷大社の本宮祭

本宮祭とは、全国の稲荷信仰者が日頃の感謝をするお祭りです。伏見稲荷大社の境内と稲荷大神様が鎮座する稲荷山は献納提灯《けんのうちょうちん》でいっぱいになり、夜になると、境内にある灯籠《とうろう》と数千にのぼる献納提灯にともされる灯《あか》りで、とても綺麗で幻想的です。

私たちは前日の18時から行われる「宵宮祭《よいみやさい》」にも参加するため、伏見稲荷の宿泊施設である参集殿《さんしゅうでん》に泊まり、翌朝から本宮祭に参加させていただくことにしていました（現在、この参集殿は閉館しています）。

宵宮祭は、伏見稲荷の駐車場で盆踊りがあり、稲荷山に登っても景色が綺麗なので、毎年楽しみにして行っていたものです。

しかしある年、我が家で少しバタバタすることが重なり、うっかり本宮祭のことを忘れてしまったことがありました。

伏見稲荷大社の本宮祭《もとみやさい》は、毎年7月の土用入りした直後の日曜日、または祝日に執り行われます。私たちが忘れてしまったその年は、第3土曜日が宵宮祭《よいみやさい》、その翌日の日曜日が本宮祭でした。

宵宮祭前日の金曜日の夜のこと。私はまた夢を見ました。大きなテレビ画面のようなものに狛狐様が現れ、私を見ています。すると、突然画面が真っ暗になり、「本宮祭！」という言葉が何度も何度も出てきたのです。

私は飛び起きました。

「本宮祭!!」

夢か現実かわからず、朝から混乱していました。

きっと、夢で狛狐さんが教えてくれたのです。急いで調べると、明日が宵宮祭、明後日が本宮祭ということがわかりました。夢で教えていただかなければ、お祭りは終わっているところでした。

「毎年予約して泊まっている参集殿《さんしゅうでん》への宿泊は、前日だし予約は取れないから無理だろうけど、お祭りには間に合った！　良かった〜」と思い、母にこのことを話すと、母はしばらく黙った後、「大丈夫……参集殿に今キャンセルが出たから泊まれるよ。電話してみて」

と言いました。

毎年この日の参集殿は予約でいっぱいで、私たちはいつも2カ月前の予約開始日に電話して予約を取っているほどです。

空いているはずがない。

私は半信半疑で電話してみると、なんと本当に「先ほどキャンセルが出たので、お泊まりできますよ」と言われ、予約できたのです！

本当にありがたいことでした。こんなことがあったので、それからは絶対に忘れることなく本宮祭に参加させていただいています。

お山する

伏見稲荷大社の御本山である稲荷山に登り巡礼することを「お山する」といいます。

私たちの中では毎年恒例になっています。本宮祭は7月のためとても暑く、以前この時期にお山したら大変だったので、今では7月は本宮祭、涼しくなった秋にお山すると決めて、伏見稲荷大社にお礼参りをしています。

伏見稲荷大社のお使いの狐様が私の夢の中に出てきてくれ、その導きによりお参りするようになった私たち。

でも最初は、本殿と千本鳥居をくぐった先にある奥社奉拝所《おくしゃほうはいしょ》までしか参拝していませんでした。地図を見ると、稲荷山を登るには「所要時間　約2時間」と書いてあり、怖じ気づいてしまい、毎回「また今度にしよう」と、奥社奉拝所で引き返していたのです。

そんな中、ある年の7月。本宮祭《もとみやさい》の日にお参りするため、伏見稲荷大社隣にある参集《さんしゅう》殿《でん》に宿泊したときのことです。このときは、母も初めて一緒に参集殿で泊まりました。

母は窓から見える盆踊りの景色と稲荷山に灯る提灯の灯りを見ながら、「本当に幻想的で素敵な景色だね」と感動しているようで、しばらく稲荷山を見つめていました。

すると母は突然こんなことを言いだします。

「ここは本当にすごいわ……。たくさんの狐さんが全国からやって来ているよ。日中だけでなく、こんな夜なのに、**人々の願いを運んで狐さんが一生懸命稲荷山に集まってきている。**ありがたいね。ここの神様は狐さんではなく、高いところにいらっしゃる男の神様なんだけど、この稲荷山にはその男の神様のお山ぐらい大きな眷属神《けんぞくしん》の狐様がいらっしゃる。神々しくキラキラ輝く銀色の狐様だね。その狐様は、全国から飛んできた狐さんを取りまとめている。それにしても、本当に24時間狐さんがひっきりなしにやって来ていて本当にすごいわ」

「本当にお使いの狐さんがそんなに忙しく働いてくれてるんだ！　すごいね。それじゃあ、やっぱりお山登りはしたほうがいいの？」

「無理はしなくてもいいけど、登れるなら登って感謝を伝えられたらよりいいね」

母の言葉を聞き、「これからはなるべく登ろう」と考えるようになりました。


その夜、不思議な出来事がありました。

私たちが寝ていると、「コンコン……コンコン……」と、誰かが部屋の窓を叩く音がするのです。その音は何度も何度も繰り返します。さすがに私と夫は目を覚ましました。でも、よく考えたらここは3階です。その日は風もなく、外には窓に当たるような木などの障害物もありません。

私と夫は、恐る恐るそーっとカーテンを開け、外をのぞいてみました。ですが、そこには誰もいないし、何もありません。

「何だったんだろう？」と不思議に思いながら布団に入ったのですが、再び「コンコン……コンコン……」と窓を叩く音が鳴りだしました。

夫と「怖いね……」と話していると、寝ていると思っていた母が「狐さんが来てるわよ。『今度はお山に登ってね！』って言いにきたんじゃない？」と笑っていました。

その後も〝狐さんが窓を叩く音〟は朝方まで続きました。

母は気にせずぐっすり眠っていましたが、私と夫は狐さんに「お山にもおいで！」と誘われてるように感じて、あまり眠れませんでした。

「これは絶対に、近々稲荷山に登らないといけないね」

夫と話し合い、それからというもの、私たちは毎年稲荷山に登っています。

お稲荷様への祝詞《のりと》

夢で見てから欠かさず毎年参拝している本宮祭《もとみやさい》。夜の本宮祭の提灯は赤い鳥居に映えて華やかで、その景色は本当に美しく圧倒されます。

私たちには、お山の参拝の仕方があります。それは道中、「稲荷祝詞」「稲荷心経《しんぎょう》」「稲荷秘文《ひもん》」を上げながら歩くというもの。

昔、私が「伏見稲荷大社にお参りに行くなら、稲荷祝詞を奏上したい」と思って調べると、「稲荷祝詞」だけでなくさまざまな種類があることがわかりました。その中には、「稲荷心経」という仏様のお稲荷様に奏上するものや、「稲荷秘文」という名前からして秘めした祝詞のようなものがありました。特に「稲荷秘文」のことが気になった私は、母に聞いてみましたが、母も稲荷の神様についてあまり知らないこともあり、伏見稲荷大社へ参拝したときに、「稲荷秘文」を奏上して聞いてみたいと言いました。

後日、伏見稲荷大社に母と一緒に参拝したとき、母は実際に稲荷の神様に尋ねてみました。

「稲荷祝詞」「稲荷心経」「稲荷秘文」はそれぞれ難しいので、私は小さな紙に書いたものを手に、お賽銭を入れた後、他の人の邪魔にならぬように端に寄り、小さい声で奏上しました。もちろん事前に練習をしてきたとはいえ、たどたどしい奏上だったと思います。

祝詞奏上が終わり、横で手を合わせていた母の顔をチラッと見ると、母がとても嬉しそうな顔をしていたのです。目を閉じ、満面の笑顔でいる母を見て、私は「神様が喜んでくださっているんだなぁ」と察しました。しばらくその姿を見つめていると、母は目を開け、笑顔の理由を教えてくれました。

「とっても喜んでくださってる。私まで嬉しい気持ちになったよ。稲荷の神様への敬いをとても感じるね。素晴らしいこと。『稲荷祝詞』『稲荷心経』『稲荷秘文』の三つを上げながら、稲荷山に登ってごらん。神様はとてもお喜びになって、じーっと聞いてくださる」

その話を聞いた私は、以来、伏見稲荷大社への参拝の際は必ず「稲荷祝詞」「稲荷心経」

「稲荷秘文」の三つを奏上しています。母によると、「稲荷祝詞」「稲荷秘文」「稲荷心経」の順で唱えるといいとのことでした。

ところで、これまでブログでもほとんど紹介してこなかった「稲荷秘文」。私は「これは文字通り秘密の文」と勝手に解釈していて、紹介することを躊躇していました。

それに、ブログを見てくれた方が同じようにしたいと考えたとき、「稲荷祝詞」だけでも覚えるのが大変なのに、「稲荷秘文」や「稲荷心経」まで奏上となると、覚える量はかなり多くなります。まずは「稲荷祝詞」だけでいいのではないか、という思いもありました。

ですが、母の次の言葉に背中を押され、今回、こうして記すことを決意したのです。

「秘文とは秘密の文。祝詞は神様を敬う最上のお言葉だから、祝詞を神社でも上げるし、神社ごとに祝詞がある。**特にこの『稲荷秘文』は、秘密にしたいぐらい効力がある稲荷の神様への最上級の敬いのお言葉よ。**気軽に奏上するものでないと思うの。でも、神様が大好きな方は、最上の敬いを持って奏上されると思うから、ぜひ紹介してほしい。たくさんの方が『稲荷秘文』を奏上されるようになると、稲荷の神様はとても喜ばれると思うよ」

伏見稲荷大社を訪れる際にはぜひ上げてみてください。

「稲荷祝詞」

掛巻《かけまく》も恐《かしこ》き　稲荷大神《いなりのおおがみ》の大前《おおまえ》に
恐《かしこ》み恐《かしこ》みも白《もうさ》く
朝《あした》に夕《ゆうべ》に　勤《いそし》み務《つとむ》る家《いえ》の産業《なりはい》を
緩《ゆるぶ》事《こと》無《な》く怠事《おこたること》無《な》く　弥奨《いやすす》めに奨《すす》め賜《たま》ひ
弥助《いやたすけ》に助《たす》け賜《たま》ひて　家門高《いえかどたか》く令吹興賜《ふきおこさしめたま》ひ
堅磐《かきは》に常磐《ときは》に命長《いのちなが》く　子孫《うみのこ》の八十連属《やそつづき》に至《いた》るまで
茂《いか》し八桑枝《やぐはえ》の如《ごと》く　令立槃賜《たちさかえしめたま》ひ
家《いえ》にも身《み》にも　枉神《まがかみ》の枉事不令有《まがごとあらしめず》
過犯《あやまちおか》す事《こと》の有《あら》むをば
神直日《かむなおひ》　大直日《おおなおひ》に　見直《みなお》し聞直《ききなお》し座《まし》て
夜《よ》の守日《まもりひ》の守《まもり》に守幸《まもりさき》へ賜《たま》へと
恐《かしこ》み恐《かしこ》みも白《もう》す

「稲荷秘文」

夫神《それかみ》は唯一《ゆいいつ》にして　御形《みかた》なし　虚《きょ》にして　霊有《れいあり》
天地開闢《あめつちひらけ》て此方《このかた》　国常立尊《くにとこたちのみこと》を拝《はい》し奉《まつ》れば
天《あめ》に次玉《つくたま》　地《つち》に次玉《つくたま》　人《ひと》に次玉《やどるたま》　豊受《とようけ》の神《かみ》の流《ながれ》を
宇賀之御魂命《うがのみたまのみこと》と　生出給《なりいでたま》ふ　永《なが》く　神納成就《しんのうじょうじゅ》なさしめ給《たま》へば
天《てん》に次玉《つくたま》　地《ち》に次玉《つくたま》　人《ひと》に次玉《やどるたま》　御末《みすえ》を請《うけ》　信《しん》ずれば
天狐《てんこ》　地狐《ちこ》　空狐《くうこ》　赤狐《しゃくこ》　白狐《びゃっこ》
稲荷《いなり》の八霊《はちれい》　五狐《ごこう》の神《しん》の　光《ひかり》の玉《たま》なれば　誰《だれ》も信《しん》ずべし
心願《しんがん》を以《もっ》て　空界蓮來《くうかいれんらい》　高空《こくう》の玉《たま》　神狐《やこう》の神《しん》　鏡位《きょうい》を改《あらた》め
神宝《かんたから》を於《もっ》て　七曜九星《しちようきゅうせい》　二十八宿《にじゅうはっしゅく》　當目星《とめぼし》　有程《あるほど》の星《ほし》
私《わたくし》を親《した》しむ家《いえ》を守護《しゅご》し　年月日時《ねんげつじつじ》　災《わざわい》無《な》く
夜《よ》の守《まもり》　日《ひ》の守《まもり》　大成哉《おおいなるかな》　賢成哉《けんなるかな》
稲荷秘文《いなりひもん》　慎《つつし》み白《もう》す

「稲荷心経」

本《ほん》体《たい》真《しん》如《にょ》住《じゅう》空《くう》理《り》　寂《じゃく》静《じょう》安《あん》楽《らく》無《む》為《い》者《しゃ》
鏡《きょう》 智《ち》慈《じ》悲《ひ》利《り》生《しょう》故《こ》　運《うん》動《どう》去《こう》来《らい》名《みょう》荒《こう》神《じん》
今《こん》此《し》三《さん》界《がい》皆《かい》是《ぜ》我《が》　有《う》其《ご》中《ちゅう》衆《しゅう》生《じょう》悉《しつ》是《ぜ》
吾《ご》子《し》是《ぜ》法《ほう》住《じゅう》法《ほう》位《い》　世《せ》間《けん》相《そう》常《じょう》住《じゅう》貪《とん》瞋《じん》癡《ち》之《し》
三《さん》毒《どく》煩《ぼん》悩《のう》皆《かい》得《とく》解《げ》脱《だつ》　即《そく》得《とく》解《げ》脱《だつ》

掲《ぎゃ》諦《てい》掲《ぎゃ》諦《てい》　波《は》羅《ら》掲《ぎゃ》諦《てい》
波《は》羅《ら》僧《そう》掲《ぎゃ》帝《てい》　菩《ぼう》提《ぢ》薩《そ》婆《わ》訶《か》

多《た》呪《しゅ》即《そく》説《せつ》呪《しゅ》曰《わつ》

オン　キリカク　ソワカ
オン　キリカク　ソワカ
オン　キリカク　ソワカ

お礼参り

私たちがお稲荷様に参拝するときには、お礼参りは絶対に忘れません。

伏見稲荷大社には、眷属神《けんぞくしん》の狐様がたくさんいらっしゃいます。ボスのような大きな銀色に輝く狐様が、御祭神の神様のお使いとして人々の願いを一つ一つ聞き、多くの狐様たちに仕事を割り当てられています。その狐様たちはピョンピョン飛びまわり、私たちのところへ出向いて来られ、助けてくださるのです。


夫の会社を助けてくださったように、稲荷の神様はとても仕事が早いです。

その分、お礼参りは他の神様よりも忘れずきちんとしてほしいと母は言います。


確かに、**お礼参りをしなかったからといって神様は怒ったりしません。ただし、お礼参りをすると神様はとても喜んでくれて、また助けてやりたいと思ってくださるとのこと。**

「稲荷神社に参拝される人は、商売をされている方が多いと思う。商売ってずっと儲かっているわけではなく、資金繰りはいつも大変だし、他にもいろいろな不安がつきまとうから、経営者の人たちはいつも苦しんでる。だから、願掛けのときは状況を事細かにお話しして、『いついつにいくら必要なのです。助けてください』などと、具体的な金額も含めて詳しく話してほしい。そして、『もし叶ったなら、必ずお酒を持ってお礼に参ります。どうか嬉しいご報告とともにお礼参りに来させてください』とお話ししてほしい。たとえ叶わなくても、お参りして必ずご報告をしてほしい。途中経過でもご報告すると、神様も『そうか、そうか』と聞いてくださり、再び動いてくださるかもしれないしね」

母の言うとおり、諦めずに何度も通って、ご縁をつないでいただくといいと思います。もし、京都の伏見稲荷大社が遠くてなかなか行けない場合は、近くのお稲荷さんへ参拝して願掛けしてもいいのです。

良いご縁をいただいてくださいね。

竹生島《ちくぶしま》（滋賀県）

白蛇様の夢

不思議な夢について、母に入った龍神さまに尋ねてみたことがあります。

「夢と現実に関連はありますか？」

「ある……いいことも悪いことも、守護神、守護霊が教えている。縁《ゆかり》のある神や仏が夢として見せていることもある。前世の記憶もある。思いぐせもある。もちろんただの夢ということも大いにありえる。**もし夢で何かを感じ取られたなら、それは確信である。ただの夢だと済ませることなく、教えられたことに感謝して意味を考えよ……**」

その話を聞いた私は、不思議な夢を見るたびに「これはこういうことかな？」と考え、自分なりに解釈して行動するようにしています。

ある日、私の長男が夢の話を切りだしました。長男が彼女と滋賀県の竹生島に行く夢です。

「竹生島の宝厳寺《ほうごんじ》というお寺にお参りして、その後、都久夫須麻《つくぶすま》神社の本殿でお参りしていると、本殿の隣の大きな木の切れ間から、人間よりも大きな白蛇が出てきて、シャー！と大きな口を開けて近寄ってきた。そのとき、口の中には大きな玉のようなものが見えた。丸い玉かと思ったけど、改めてよく見てみるとそれは玉ではなく、丸い平らなお皿のようなものに赤い文字がびっしり書いてあった」

私たち家族は興味津々で長男の話に耳を傾けます。

「するとその白蛇が僕に向かってすごいスピードで飛びかかってきて、襲われる！と身構えたら、次の瞬間スッと消えたんだ。あれ？　消えた……と思っていると、前からゴゴゴ……という大きな物が動く音が聞こえてきた。何だろうと目の前の本殿を見ると、本殿の後ろに大きな白いウロコが見えた。そのウロコをたどって見上げていくと、最初の白蛇とは比べものにならないくらい大きな白蛇がいた。大蛇を通り越して怪獣ほどの大きな白

長男が見た夢の様子。白蛇は何かの暗示か気になります

蛇が、真っ赤な目でこっちをじーっと見ていたところで目が覚めた」
「なんというすごい夢！　私も白蛇様の夢は何度か見ているけど、どれも普通のサイズの白蛇様だったな」
私はそう言いながら、あることを思い出していました。

長男の話を聞きながら私が思い出していたのは、いつか見た黒い大蛇の夢でした。

その黒い大蛇は、突然私の目の前に現れると、シャーッと口を開けて私を襲ってきました。私は叫びながら逃げまどい、何度も払い避け戦います。しかし、最後には手を嚙まれてしまい、痛みを感じて目が覚めたのです。今思い出しても身の毛がよだつようなとても怖い夢でした。

目が覚めると、本当に手に痛みを感じていました。これはただごとでないと思い、母に相談しました。

「大蛇なのね？　いい夢かと思ったら、最後に嚙まれたのね？　あー残念。**蛇の夢は普通ならとてもいい夢だと思うけど、嚙まれたなら良くないね。大きなお金が出ていっちゃうよ。そういうお知らせだと思うよ。出費に気をつけないとね**」

その後、注意はしていたのですが、母の言葉のとおり、夢を見て間もなく、驚くほどのお金が出ていってしまったのです。

急な出費だったので、思わず神棚に向かい「夢でお知らせいただき、ありがとうございます。どうかこれ以上の出費がありませんように」とお願いしたほどです。

「夢知らせ」ってすごいなあと、このとき実感したのです。


私はこの話を長男に聞かせ、白い大蛇に襲われたかどうか尋ねました。

「一瞬襲われたと思ったけど、まったく怖くなかったし、自分の前に来たところでスッと消えてしまった。もしかすると自分の中に入ったかも？」

私は一安心しました。


「そういえば不思議なんだけど、竹生島ってずっと行ってなくてあまり覚えてないんだよね。この前、彼女と広島県の宮島に行って、大願寺《だいがんじ》と厳島《いつくしま》神社にお参りしてきたから、最初は厳島神社かと思った」

「それなら、なぜその場所が竹生島だと思ったの？」

「それは、扁額《へんがく》に『竹生島』と大きく書いてあったから」

弁財天《べんざいてん》様をお祀りする竹生島で、怪獣のように大きな白蛇様が出てきた夢。「これは大きな金運の到来では？」と、安易に考えていた私がいました。

竹生島の夢の意味

さっそく長男の大きな白蛇様の夢の話を母に相談すると､母は「ただの夢ではないから､明日の朝、龍神さまに聞いてみる」と言います。

翌日の朝早く、母から連絡がありました。

「ねぇ……あの子何か会社で失敗でもしたの？」

母の第一声に驚いた私でしたが、実は母に話していなかったことがありました。

長男がその夢を見る少し前のこと。彼は仕事で大きな失敗をしていました。しかも一度のみならず二度も。上司も一度目は許してくれたのですが、二度目はとても怒られ、呆れられ、長男もひどく落ち込んでいました。

小さい失敗なら誰しもよくあること。きっと長男は私にも話さないと思うのですが、かなり大きな失敗で､長男の落ち込みようはひどかったです｡それまで信頼されていると思っていた上司の信用も失い、長男は「来年左遷されるかもしれない……」と思い悩んでいました。

そんな時期に、彼女と広島旅行に行っていました。前から予約していたので、気が乗らないから行かないというわけにもいかなかったのでしょう。

「いつまでもクヨクヨしない！　上司の信頼を取り戻せるよう、またコツコツ頑張るしかないよ！　いつまでも落ち込んでないで、旅行で気分転換しておいで！」

私は長男を励まし、広島へ送り出しました。

幸いにも彼女との旅行はとても楽しかったようで、リフレッシュして健やかな心を取り戻し、元気に帰ってきたのです。

母は初孫である私の長男をとてもかわいがっています。会社で失敗したことを知らせるととても心配すると思い、私は一切この話をしていませんでした。

長男の失敗を問う母に、私は質問で返していました。

「何で？　龍神さまが何かおっしゃってたの？」

「龍神さまが『この者は大きな失敗をして気が落ちていた』って言うから、会社で何かあったのかなって思ってね」

ここまで言われると、隠すこともありません。私は母に打ち明けることにしました。

「実はそうなのよ。お母さんが心配すると思ったから話してなかったけど、会社で大きなミスを2回もして落ち込んでたのよ。『左遷されるかもしれない……』ってね」

「やっぱりそうだったんだね。あの白蛇様は竹生島の白蛇様よ。でも金運とかじゃなく、気が落ちているあの子に力をやろうと、中に入ってくださってる。なぜ彼女と行かせていただく夢だったかと言うと、厳島神社に二人で行ってたんでしょ？ 広島県の厳島神社と滋賀県の竹生島は遠いけどつながってるの。その大きな白蛇様は竹生島から厳島神社に来られたということよ」

「私は毎年6月10日に行われる三社弁財天祭に参加させていただいているけど、その三社とは竹生島神社、厳島神社、江島《えのしま》神社のお祭りで、厳島神社や江島神社の宮司さんが来られるのよ！ そのときに授与してくださる赤い三社弁財天様のお札《ふだ》も、毎年いただいている。あの子はそのことは知らないと思うけど、家に帰ると必ず神棚で手を合わせるから、自然とそのお札にも手を合わせてたんだね」

母は「本当だね」と納得したようでした。

「かえでの家に、竹生島で授与していただいた白蛇様の置き物があるでしょ？ 家に帰ってきたときでいいから、『白蛇を撫でろ、感謝して撫でろ』って言われてるよ。それでつながるって」（現在、竹生島の白蛇様の置き物は授与されていません）

長男の夢の内容で、もう一つわからない点がありました。

「夢の話では、白蛇様の口の中に赤い文字がたくさん書かれたお皿があったんだけど、あれはどういう意味なの？」

「それは竹生島のかわらけ」

竹生島の都久夫須麻《つくぶすま》神社には、「かわらけ」という小さなお皿に願い事を書き、鳥居に投げる「かわらけ投げ」という祈願があります。小さなお皿を2枚いただき、1枚に名前、もう1枚に願いを書いて鳥居に向かって投げるというもので、かわらけが鳥居の中を通ったら願いが叶うと言われています。

「私もあの子がお皿って言うから、もしかしてかわらけかなと思ってたのよ！　それで、そのかわらけに赤い文字がたくさん書かれてたらしいけど、何が書かれていたのかな？」

「それはすべて漢字だね。神様の文字もあるけど『驕るでない』といった戒めの言葉だったり、逆に力を与えるような言葉だったり、さまざまなこと。白蛇様はその文字が書かれたかわらけを持ったまま、あの子の中に入られたのね。すごいね」

なんとありがたいことでしょう。私は安堵しつつ、白蛇様への感謝の念で胸がいっぱいになりました。

では、大きな白蛇様の正体はなんだったのでしょうか。

「あの子によると、最後に大きな怪獣のような白蛇様が出てきたって言ってたけど、それは竹生島に住む眷属神《けんぞくしん》の白蛇様のボスなのかな？」

「私も最初そう思ったけど、それはあの子の中にいる白蛇様の未来の姿よ！」

「怪獣のような白蛇様……。もしかするとそれってすごいことじゃない？」

「でも、このまま傲慢、怠慢で思い上がり、感謝を忘れると、あの子の中の白蛇様の力もなくなっていき、次第に離れられる。だから、あの子には白蛇様がおられる胸を撫でながら、日々感謝してほしいね。そして竹生島の白蛇様も撫で、竹生島へも感謝する。するとあの子の中の白蛇様が大きくなり、いずれ夢で見たような、怪獣のような大きな白蛇様になっていかれる」


母の話を長男に聞かせると、長男はさっそく次の休みにお礼のお酒を持って竹生島へ行き、神様に感謝を伝えたそうです。

母も「それは素晴らしい。竹生島の白蛇様もとても喜んでらっしゃるよ。その気持ちがあればもう大丈夫だね」と安心したようでした。

長男は今、前向きに仕事に取り組んでいます。

私の長男に入ってくださり、お力をくださった白蛇様。神様は私たちに夢で何かをお伝えされることがあります。そのお告げを読み取り、感謝の気持ちを持って日々の暮らしに活かしていきたいと思っています

地域別オススメ神社

ハッピー・三姉妹イチオシ!

これまで参拝した神社の中から、私たちや母が強く感じるものがあった、特におすすめしたい神社を地域別に紹介します。まずは北海道・東北編と関東編。あくまでも私たち三姉妹が考えたもので、これら以外の神社にお力がないわけではありません。他にも素晴らしい神社はたくさんありますので、ご自身に合う神社を見つけていただきたいです。

北海道・東北編

出羽三山《でわさんざん》神社

●山形県

日本三大霊山の一つである出羽三山は、月山《がっさん》、湯殿山《ゆどのさん》、羽黒山《はぐろさん》の三つの山からなっています。それぞれの山頂には月山神社、湯殿山神社、出羽《いでは》神社が鎮座されており、これらを総称して出羽三山神社といいます。このうち、出羽神社には三社の神を合わせて祀る三神合祭殿《さんじんごうさいでん》があります。私は出羽神社でご祈祷を受けましたが、すべてが整い、一皮むけて生まれ変わったような感覚になりました。

北海道神宮

●北海道

北海道で唯一の一の宮である北海道神宮は、その名の通り北海道全域にわたり目を光らせ、守っておられる威厳のある神社です。大国魂神《おおくにたまのかみ》、大那牟遅神《おおなむちのかみ》、少彦名神《すくなひこなのかみ》、明治天皇と、とても優しい神様たちが御祭神です。比較的新しい神宮ですが、たくさんの人々の祈りにより、元から大きなお力がますます増しておられます。私たちの住まいからは遠いので滅多に行けませんが、北海道に行く機会があれば必ず参拝しています。

金華山《きんかさん》黄金山《こがねやま》神社

●宮城県

↓254P

牡鹿半島の海上にある、神職の方しか住まれていない島に鎮座されている金華山黄金山神社。霊島と呼ばれているその島には、石巻や女川からフェリーでしか行くことができません。本文中にも書きましたが、「三年続けてお参りすれば一生お金に不自由しない」と言われ、開運、お金の神様がいらっしゃいます。東日本大震災の後、神様から聞いたお話は、いまだに忘れることができません。私たちにとって特別な神社の一つです。

関東編

三峯《みつみね》神社

埼玉県

↓221P

やはり、私と母が関東で今、最も注目しているのは三峯神社です。詳しくは本文を読んでほしいのですが、私たちは御眷属拝借のご祈祷を受けており、オオカミ様に守っていただいております。本当に素晴らしく、一度参拝してもまたすぐ参拝したい気持ちになります。道中は山道でなかなか行きづらいのですが、素晴らしい神社は簡単には参拝できない場所にあるものだと改めて実感しました。

榛名《はるな》神社

群馬県

↓204P

観光地に鎮座されているような明るく門戸が広く、たくさんの人を受け入れている神社とは違って、厳かであり、参拝する人を選ぶような、そんな厳しいイメージです。もちろん気楽に参拝できる観光地の明るい神社も大好きですが、なぜか榛名神社を忘れることができません。実際に行かれて、この感覚を体験してほしいです。開運の神社として、母も絶賛していました。

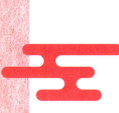

常陸国《ひたちのくに》一の宮・鹿島神宮

茨城県

下総国《しもうさのくに》一の宮・香取神宮

千葉県

三社に絞り切れず、関係深い二社を一緒に紹介します。鹿島神宮の御祭神「武甕槌大神《たけみかづちのおおかみ》」、香取神宮の御祭神「経津主大神《ふつぬしのおおかみ》」は、神代の昔、天照大御神《あまてらすおおみかみ》の命を受け、ともに出雲の国に天降り、大国主命《おおくにぬしのみこと》と話し合って国譲りの交渉をした有名な強い武勇の神様。すごいお力をお持ちの二柱の神様です。参拝する際はぜひこの二社を回り、パワーを感じてください。息栖《いきす》神社（茨城県）も入れて三社を参拝する東国三社巡りもおすすめです。

第3章

心身を癒やし、守る神様

頭之宮四方神社《こうべのみやよもう》（三重県）

ぼけ封じに強い神社

以前、ブログの読者の方から「認知症にいい神社はありませんか？」という質問をいただいた際に、母に入った龍神さまに認知症について尋ねたことがあります。

「認知症という脳の病にお強い神様、仏様はおられますか？」

「観音が癒やしてくれる」

「そういえば、お寺でぼけ封じの観音様を見かけたことがあります」

「そうぞ……。すべての観音が聞いてはくれるが、そのような名前のついておる観音は認知症に特化しており、そう願うものが多く参るゆえ得意ぞ。頼むがいい……」

龍神さまは少し間を取りながら話を続けます。

「しかしのぅ、この病に最も得意な神がおるな……。名前に『頭』のつく神社があるであろう……」

「あっ！　九頭龍《くずりゅう》神社にも頭がつきますが？」

「おーそうよのぅ……九頭龍も頭がつくのぅ。九頭龍に頼んでもいいが……」

そうして、何か考え込んでいるのか黙られました。

私はなんとか龍神さまの答えを引き出したく、頭をフル回転させて考えると、かなり前に一度だけお参りしたことがある、三重県の山間《やまあい》に鎮座する頭之宮四方神社という神社を思い出しました。頭之宮四方神社は、地元の人から「あたまのみやさん」「おかしらさん」などと呼ばれ、とても慕われている頭の神社です。

そのことを説明しようと「あと、こうべのみや……」と私が言いかけたところで、龍神さまは「それよ！　その神社じゃ！」と声を張り上げました。

「その神社は頭の病を頼むのにとてもいい。特化しておる」

「頭」にいい神社ということで、他の病についても聞いてみることにしました。

「私は偏頭痛持ちなのですが、こういった頭痛にもいいのでしょうか？」

「もちろんとてもいい。頭の病、そして認知症の祈祷もしておる。そこで祈祷して願うてくるがよい。しかしのぅ……」

龍神さまは何か躊躇するよう、再び押し黙ってしまいました。

それは数十秒の間だったと思いますが、私が「何だろう……何か話したほうがいいのかな？」と戸惑っていると、龍神さまは静かに話しはじめました。

「家族や親しき者が認知症になると、まわりはとても大変である。本人も家族に迷惑をかけたくない、そのようにはなりたくないと、認知症になる前は思うであろう」

「はい。私も認知症になった祖母を見ていて、本当にそうはなりたくないと思います」

「しかしのぅ、**本人はとても幸せなのである**」

「そうなのですか!?　私は祖母が認知症になったとき、今までの自分でなくなるのがかわいそう……とばかり思っていました」

「まわりはのぅ……その者を不憫に思うかもしれぬが、**褒美やもしれぬ……。この世の嫌なことも、死ぬことさえわからず……苦しまぬ……。そのようになることにも意味がある**」

龍神さまの言葉を聞いた私は、祖母のことを思い出し、涙を流していました。苦労して生きてきたのに、最後にはあんなことになってしまった。ずっとかわいそうと思っていたのに、「本人は幸せでご褒美かもしれぬ」と龍神さまに言われ、私は少し救われた気持ちになったのでした。

そう言われても、現在認知症の家族を抱える人が、なかなか現実を受け入れられないのもわかります。私もそうでしたから。

もし可能なら、三重県の頭之宮四方《こうべのみやよもう》神社で祈願していただければと思います。それが無理でも、近くのぼけ封じの観音様を探して、これ以上認知症が進行しないようにと祈願してみてはいかがでしょうか。

頭痛のご祈祷

先ほど少し触れましたが、私は長年、偏頭痛に悩んでおり、病院に通ったこともあります。昔、頭之宮四方神社にお参りしたことがありましたが、今回、龍神さまに頭の病にもいいと言われたことをきっかけに、家族で再びお参りすることにしました。そして、今回は偏頭痛のご祈祷も受けることに決めました。

母がこの神社を訪れてどう感じるのか知りたい私は、母に同行をお願いしました。

伊勢神宮から車で約1時間。三重県度会郡大紀町《わたらいぐんたいきちょう》に鎮座する頭之宮四方神社に、家族一同で向かいます。頭之宮四方神社は三重県の静かな山間にあり、平安京を造営した桓武《かんむ》天皇の後裔《こうえい》である唐橋中将光盛卿《からはしちゅうじょうみつもりきょう》をお祀りしています。広い駐車場もあり、自然に囲まれた気持ちのいい場所です。

私たちは大きな鳥居をくぐり、中へと進みます。さっそくご祈祷の申込みをしようと社務所に向かいました。

説明を見ると、頭に特化したご祈祷を受けることができるようで、私は頭の病気を選びました。

実は私の次男も、同じように以前から偏頭痛に悩まされていました。学校から帰ると必ず頭痛がするようで、「視力が悪くなってメガネやコンタクトレンズを使うようになってから、偏頭痛が起こるようになった」と言います。一度眼科で診てもらったら、メガネの度数を下げるか、慣れるしか方法がないと言われました。私は次男のことも心配だったので、一緒にご祈祷を受けてもらうことにしました。

社務所でご祈祷の申込みをすると、神職の方からどのような症状か詳しく聞かれました。単なる頭の病気としてではなく、詳しく症状まで聞いてくださり、それに応じたご祈祷をしていただけるとは、とても手厚いなと思いました。

その日のご祈祷は他の方がいなく、私たち家族のみ。神職の方がお祓いの祝詞《のりと》などを奏上し、私も自分のことだけでなく、次男の病気のこともお祈りしました。

お祈りに集中していると、横にいた母が何やら不思議な手振りを始めました。手を左右に広げて何かを集めるような仕草をすると、その集めた何かを本殿の御鏡の辺りにスッと持ち上げ、投げるような動作をしました。

よく見ると、母は大量の汗でビショビショになっています。まるでサウナに入っているかのように。

このときの季節は春。青空が広がる気持ちのいい日でしたが、特段暑くはなく、私を含め家族は誰も汗をかいていません。母だけが異常なほどの汗をかきながら、必死に空中で何かを集めては、ほいっと投げるような動作をずっとしているのです。

ご祈祷が終わるころには、母は普通に手を合わせていましたが、疲れ切っている様子でした。とても目立っていたので、私は家族だけのご祈祷で本当に良かったとホッとしていました。


ご祈祷が終わり、私は奇妙な動作について母に尋ねました。

「お母さん、すごく疲れてるけど何をしていたの？」

「ご祈祷が始まると、目の前に男の神様が現れてくださったの。それでね、そのお姿が前に写真で見たことがある明治天皇にそっくりだったのよ。そう思い込んで、思わず『明治天皇ですか？』って聞いちゃったの。そうしたらニッコリ微笑まれて『そうではない……そのもっと前の先祖である……』とおっしゃって！　ご先祖様だから雰囲気も似ていたのかな？」

確かにこの神社の御祭神は天皇の家系の方なので、もしかしたら似ているのかもしれません。

さらに母は続けます。

「**ご祈祷が始まると、まずかえでの頭から黒い針金のような、でも柔らかい棒状のものがニョキニョキと出てきたの。浮いているそれを、神様は手で集められて小さく丸めて、上にスーッと上げられたの。**わかるかな？　だから私も神様と同じ動きをして、神様のお手伝いをしてたのよ。その後、あの子（次男）の頭からも同じような針金が出てきたんだけど、かえでよりずっと量が多かった。きっと言わなかっただけで、かえでよりも頭痛がとても辛かったんだろうね。神様に『こちらのほうがひどいのですか？』とお聞きすると、『目の後ろの神経の焦点がズレておる。そのため頭痛が起きておる』とおっしゃったのよ。だからその焦点も一緒に直してくださったと思う。とにかく私も神様のお手伝いで無我夢中で、汗だくになったよ」

私はその頭から出てきた柔らかい黒い針金のようなものは、おそらく何かしらの病原か痛みの類なのかなと想像していました。

では、他の病気の場合は？

「その黒い針金って、ぼけ封じのご祈祷をした場合も同じなのかな？」

「えー、先に聞いてほしかった。そしたら中でお聞きできたのに……。今回、ぼけ封じのご祈祷はしてないからね」

残念に思っていると、すかさず母は「あっ！　神様が見せてくださってる」と言います。

「色が違うみたいよ！　認知症は黒ではなくカラフルだよ。綺麗だわ……。病によって色も形もいろいろなのね」

「形も違うのね。精神的な病は頭の病気とは違うの？」

「心と頭はつながっている。心の病の場合は、オレンジ、グリーン、黄色……さまざまな色がぐちゃぐちゃと混ざり、カエルのような形になっていたり、色がどんどん変わっていったり……。認知症やパニック障害など、病によってすべて色や形が違うのよ」

「じゃあやっぱり、認知症や心の病の方のご祈祷をする場合は、家族や知人の方が代理でするより、本人が行かれたほうがいいのね」

「そうだね。その場合は、本人よりご家族が望んでることが多いだろうけど、今日の様子を見た限りだと、**本人が直接この場所でご祈祷を受けられるほうが良さそうに思う。**でも、遠方の方などは難しいよね。そんなときは、ご家族が代理でいらして誠心誠意お願いすると、祈りは通じて治してくださると思うよ」

母は、神様が見せてくださっている世界を遠い目で見ながら語ってくれました。

知恵を授かる

先ほどの私と母の会話を聞いていたももは、母にこんなことを尋ねてみました。

「頭《こうべ》之《の》宮《みや》四方《よもう》神社は、頭の守護神、知恵の大神とも言われてるでしょ？　頭の病気だけじゃなく、勉学など知恵をつけてほしい場合も、言い方が難しいけど……『賢くしてください』といったお願いも大丈夫なのかな？」

「そういったお願いをされるとき、神様は何かを握るような、力を固めているような動きをされるね。**節目や受験に臨む前にお参りするといいように感じるよ。受験も頑張れる力を入れてくださる。**確かに頭は知恵も司《つかさど》るから、そういった願い事も聞いてくださるね」

母によると、どうやら頭之宮四方神社は「頭」に関して幅広く助けてもらえるようです。

「こちらに来てみて思ったんだけど、とても清々しいのよ。ご祈祷してくださった神職の方も『最後に深呼吸されて、頭をスッキリさせて帰ってください』とお話ししてくださったけど、本当にそう思うのよ。**特に受験に臨む子どもは、大人以上にいろいろ思い悩んでいる。そんな子どもたちも、ここに来て深呼吸すると、頭をスッキリさせてクリアにしてもらえるよ。**もちろん代理でお参りでもいいんだけど、やっぱりできればご本人がここに来られると、それ以上のものを得られると思う」

話を聞いた私たちはみんなで大きく深呼吸し、たくさんの御神気をいただいたのでした。

頭痛のその後

頭之宮四方神社でご祈祷をしていただいてから1年以上たった今、私の頭痛はほとんどありません。息子はまだたまに痛むようですが、その頻度は減っているとのことでした。

私の頭痛は小学生のころから始まりました。なかなか良くならないので、脳外科で検査をしてもらったこともあります。でも、特に悪いところも見つからず、首からの緊張型の頭痛と診断され、処方された薬を手放せませんでした。

過去に、病気平癒の願いを叶えてくださる神社仏閣に参拝したこともありましたが、最初は良くなっても、半月もすると徐々に痛みがぶり返し、元の症状に戻ってしまいます。

そんなことを繰り返していたので、頭之宮四方神社でご祈祷をしていただいても、すぐにぶり返すのではないかと不安な日々を過ごしていました。

ですが、季節の変わり目などは気圧の変化から頭痛が起こりやすいはずなのに、気がつけばもう1年以上、ずっと私を悩ませていた頭痛がないのです。
これにはもう本当に頭之宮四方神社《こうべのみやよもう》の神様に感謝しかありません。

しかし、一緒にご祈祷を受けた次男は、頻度は減りましたがまだ頭痛はあるようで、ひどいときは薬を飲んでいます。そこで母に、再び頭之宮四方神社でご祈祷をしてもらったほうがいいか聞いてみました。

「一度ご祈祷したからといって、かえでのようにスパッと治る方もいれば、そうでない方もいらっしゃる。特にあの子の場合は目からきている頭痛だから、一回ではなかなか治らないのかもしれないね。そういえは、あの子は口数が少ないからわからなかったけど、ご祈祷のときにすごい量の針金があの子から出てきて、頭痛は相当ひどかったんだなと思ったと言ったでしょう。だから、なかなか完全には治らないのだと思う。だんだん良くなってるはずなんだけど、何か言ってる？」

「確かに前より少し良くなったような気はするけど、まだ痛むときは多いって言ってる」

「少し良くなったことも、頭之宮四方神社の神様にお話ししてないね。『少し良くなったけど、まだ痛む』で終わりにしている。近ければすぐ行って、ご祈祷までしなくても報告とお願いをすればいいのだけどね。難しければ、かえでの家の神棚で『頭之宮四方神社の神様におつなぎください』とお願いするのもいいね。『以前ご祈祷していただき、今までは週に4回お薬を飲んでいましたが、2回に減りました。ありがとうございます。また機会がありましたら参拝させてください。ありがとうございました』と感謝しなさい。**少しでも良くなったんでしょう？　それなら『あまり治らなかったな』ではなく、まずその感謝をお伝えしなさい。**神様はそのような報告をされると、とても喜ばれるよ。『そうかそうか、それではまた少しでも良くしてやりたいな』と思われるのよ」

まさに捉え方の違いです。確かに少しでも良くなっているのであれば、やはり感謝を伝えなければなりません。

「そしてね、もう一つ。**病院には必ず行くこと。医療と、本人の治りたいという気持ちと、神様へ祈り、神様へ委ねる気持ちのすべてが合わさって奇跡が生まれるのよ。ご祈祷だけで『はい、治してください！』ではダメよ**」

私自身は1回のご祈祷で治ったので、毎日神棚で「昨日は頭痛がありませんでした」と感謝していますが、次男は少し良くなったと感じる程度なので、あまり日々の感謝はしていなかったのかもしれません。

神様へのご報告、感謝は忘れずにいたいものです。今度次男と一緒にお礼のお酒を持って頭之宮四方神社を訪問し、再びご祈祷させていただこうと思いました。

少彦名《すくなひこな》神社（大阪府）

虚弱体質の次男

私の次男は体質的なのか、体が弱いです。体力もありません。いつも頭痛を抱えているうえ、毎日のようにお腹を下していて、生活もままならないことが多いです。

私は次男の体調をなんとか良くしてあげたいと、母に入った龍神さまに「こんな虚弱体質の次男にいい神社はありませんか？」と尋ねたことがあります。

「この者は、スクナヒコナに縁をもらってまいれ」

私は龍神さまの言葉を信じ、スクナヒコナ様をお祀りした神社を探しました。ご祈祷もできて、お札《ふだ》やお守りをいただくとなると、神職の方が常駐されている神社がいいでしょう。さらに、お礼参りのことも考えると、私たちが住む場所からそう遠くなくお参りもしやすいところならなおいいです。いろいろと考えながら調べていると、大阪にある少彦名神社という神社が目に留まりました。

大阪なら私たちの住まいから車で3時間程度で行けるので、何とかお参りやお礼参りもできると考えながらHPを見てみると、スクナヒコナ様のお姿が描かれている絵がありました。

私はそれを見てびっくりしました。なんと次男にそっくりなんです。次男に話しても似ていないと言うかもしれませんが、母親の私から見ると、雰囲気がよく似ていて、ここにお参りさせていただきたいと直感的に思ったのでした。

初めて目にした神社でしたので、私は母に相談しました。

「私も行かせていただいたことはないのよ。街中にあってこぢんまりとしているけど、いつもたくさんの人がお参りに来られる賑やかな神社だと思う。でもね、とてもしっかりした神様がいらっしゃるわ。誠心誠意お願いすれば、必ず聞いてくださる。少彦名神社に行かせてもらいなさい」

少彦名神社にあるスクナヒコナ様の絵

母に太鼓判を押され、私は次男を連れて少彦名神社に行くことにしました。

都会の神社

私としては母も一緒に来てほしかったのですが、善は急げとまずは次男と二人で大阪へと向かうことにしました。母は、機会があれば改めて一緒に来てもらうことにして。

大阪市内にある少彦名神社。初めてのお参りでしたので、カーナビを頼りにつたない私の運転で向かいます。マップを見ると難波のわりと近くにあるようで、慣れない都会の道をドキドキしながら運転しました。

やっとのことで到着すると、そこはたくさんのビルが立ち並ぶオフィス街の一角。カーナビから「案内を終了します」と言われ、私は思わず「えっ!? どこ?」とあたりを見渡しました。

よく見ると、ビルとビルの間、見逃してしまいそうな場所に神社への入り口がありました。私たちが見慣れた木々に囲まれている神社ではなく、都会の真ん中にある小さな神社。それでも、この日は雨が降っていたのにもかかわらず、訪れる人が絶えない活気溢れる神社でした。

境内に足を踏み入れる前に、金虎の像に出迎えられます。狛犬様ならぬ、金色の狛虎様が神社を守っているようです。ビルに隣接しており、参道も細いですが、そこにはたくさんの絵馬が折り重なるようにかかっていて、多くの参拝者が来られているとわかります。その参道を抜けるとすぐに本殿があります。

田舎ではあまり見ない感じの神社で、まさに都会の神社という印象。小さな境内ですが、ここに立つと、まるで都会のオアシスのような清々しいパワーが満ちている場所だと感じました。

「やっぱり来て良かったー」

私は母にもこの空気を感じてほしかったと思いながら、次男と一緒にご祈祷をしてもらったのでした。


ちなみに、私たちはいつもご祈祷してもらうわけではありません。

以前、母が友人から「毎回ご祈祷したほうがいいか？」と聞かれたとき、**「無理にご祈祷しなくても大丈夫。丁寧に自分の言葉でゆっくりお参りすると、神様はちゃんと聞いてくださるよ。でも、ここぞというときや節目には、ご祈祷してお札《ふだ》やお守りをいただき、持ち帰って感謝してもいいね」**と答えていました。

そういう意味では、今回はどうしても次男のご縁をいただきたかったので、まさにここぞというときだったのです。

今回は、ご祈祷してもらって良かったと心から思いました。なぜなら、この日は大雨にもかかわらず、狭い境内には参拝者が絶えません。もし、ご祈祷せずにお参りだけにしていたら、次男もさっさとお参りを終えて雨宿りしたと思いますし、私も人込みの中、集中してお祈りできなかったかもしれません。

ご祈祷にあたっては、母から助言を受けていました。

「『息子についてください！』なんてお願いをするのではなく、『息子はこんなふうに体が弱く……』と、ちゃんと事情を説明して『初めてのお参りで本当に失礼なのですが、スクナヒコナ様、どうか息子を助けていただけませんでしょうか？』と誠心誠意お願いしなさい」

基本的に私たちが遠方の神社にお参りする際は、神様にごあいさつし、感謝をお伝えするのみに留めています。それは、お礼参りになかなか来られないからという理由もありますし、どこに行っても自分たちの幸せばかり願うのは違うと思うからです。

でも、今回は例外です。突然参ってお願い事をするならば、母の言うとおり丁寧に説明をして神様に手を合わせる必要があります。

このことは次男にも伝え、もちろん私も一生懸命お願いしました。

「スクナヒコナ様、どうか息子を助けていただけませんでしょうか?」

気がつけばご祈祷も終盤、榊の玉串奉奠《たまぐしほうてん》になっていたほど、私は無我夢中で息子の健康をお願いしていました。

感じた視線

ご祈祷が終わり、ふとまわりを見ると、本殿の左に木彫りの像があり、ジーッとこちらを見つめていることに気づきました。とてもリアルな像。どこか特徴的で、私には何か言わんとしているように見えるのです。

私は、出発前に母が「こちらにはスクナヒコナ様だけでなく、昔からの古い神様もいらっしゃるね」と言っていたのを思い出しました。

ご祈祷してくださった神職の方に何の像か尋ねてみると、「こちらは『神農《しんのう》さん』と呼ばれる古代中国からいらした神様で、スクナヒコナ様と同様、医薬を司る神様なんです」と教えていただきました。

母が話していたのはこちらの神様のことだと思い、「大変失礼しました」と神農様にもごあいさつして本殿を後にしたのです。

「やっぱり母にも来てもらえば良かった……」。神農様もきっと何かおっしゃっていたようにも思うし……」

あの視線には何か意味があったと思うと、私は少し残念な気持ちになりました。

少彦名神社はスクナヒコナ様はもちろんのこと、神農様もいらっしゃる薬のエキスパートのような神社だったのです。お薬の神様にちなんでか、社務所が入っているビルの3階には、「くすりの道修町《どしょうまち》資料館」もあるようです。

開運の金虎の置物

授与所に立ち寄ると、たくさんのお守りと一緒に並ぶ金虎の置物に目を惹かれました。神社に到着したときに印象的だった金虎の像。それを模した置物にくわえ、かわいい張り子の虎があまりに素敵だったので、我が家へと、母へのお土産にと思い、いただいて帰りました。

帰宅後、母にこの金虎の置物を持って行くと、母はそれを見た瞬間に大喜びしたのです。私はあまりの喜びように驚きました。

「そんなに嬉しいの？」

「これは縁起物なんだけど、普通のものとは違うよ！　**もう神様が入られている。だから粗末に扱ってはダメよ！　金虎を玄関に向けて置いておくと、悪いものが入ってこないように守ってくださるよ。**コロナのような疫病なども、家の中に入ってこないように守ってくださる金虎様よ。『いつもありがとうございます』と感謝していると、ずーっと守ってくださるよ」

「じゃあ、張り子の虎のほうはどう？」

「こちらも、もちろん神様を感じるよ。でも何だろうね。金虎はずっと持っていればいいけれど、張り子の虎はお守りと同じかなぁ。1年で神社にお返しして、新しいものをいただいてきてほしい。でも、張り子の虎もとてもかわいいね。頭をポンポンと撫でて感謝すると癒やしてくださる。とてもいい縁起物になるよ。家も明るくなる」

　母にそう言われ、「いただいてきて良かった」と私は心から思いました。

我が家の金虎様。赤い台座の上に大切に飾っています

あれから、金虎様は力強い眼差しで我が家の玄関にたたずみ、私たちを守ってくださっています。

忘れられた金虎様

私たちが金虎様をいただいたのは寅年のこと。あれから数年、今もそれぞれの家庭で金虎様をお祀りしています。我が家の金虎様は玄関に飾っており、出かけるときに撫でて「いつもありがとうございます」と話しかけています。

そんなある日、私は大変なことに気づきました。

少彦名神社に何度かお参りするなかで、一人暮らしをする長男用に金虎様をいただいていたのですが、長男が「今は飾る場所がない。後で場所を作ったら持って行くから、家に置いておいて」と言うので、**そのまま押入れの中に2年以上保管していたことが発覚したのです。**私たち親子はそのことをすっかり忘れていました。

「あー、どうしよう……。すっかり忘れてた……。なんて失礼なことを……。きっともう神様はいないよね……」

私は箱に入ったままの金虎様を持ち、母に相談に行きました。

「この金虎様には、もう神様はいらっしゃらないよね？」

「今すぐ簡単には答えられないから、明日の朝、神棚で龍神さまに直接聞いてみるね。これは一旦預かっておくね」

未開封とはいえ、2年以上も押入れの中にしまいっぱなしだった金虎様に、神様がいらっしゃるわけがない。私は申し訳ない気持ちでいっぱいでした。


翌朝、母は龍神さまにこのことを尋ねてくれたようで、すぐに私に知らせてくれました。

「預かった金虎様を箱から出して神棚に飾ったらね、金虎様が『はぁ〜……』ってため息をついたのよ！　神様が『はぁ〜……』なんて言うからびっくりしたわよ。だから「長い間、大変失礼しました」と代わりに謝っておいたからね。そうしたら金虎様は『眠ってたわ……』と話されて。さらに『申し訳ありませんでした』って言いながら撫でて、手を合わせたら、金虎様がとても喜ばれたのがわかったよ。ちゃんと神様が入ってらっしゃったと思って、心底申し訳ないって思ったよ」

「本当に申し訳ありませんでした」

私は宙に向かって手を合わせました。

「それにしてもこれからどうしよう。今からでも長男に渡したいけど、置く場所がないみたいなのよ」

「玄関でなくてもいい。神棚でもいいけれど神棚はないよね。できるだけ明るく人の通る場所……リビングがいいね。**胸より高い場所に飾って、毎日撫でて『いつもありがとうございます』と、手を合わせてほしいね。**改めて思ったけど、金虎様は撫でてあげたらとても喜んでくれたのよ。やっぱり、撫でられるのは嬉しいんだなと感じたよ」

「例えば、ガラスケースに入れて飾られている方もいるけど、それでは撫でられないよね？」

「それでも大丈夫。手を合わせて『いつもありがとうございます』と声をかけるだけでもいいのよ。でも、埃まみれにしてはだめよ。たまにケースから取り出して、きれいな白い手ぬぐいで拭いてあげてほしい。**大切にすると、ずっと守ってくださるのよ**」

「そういえば、私たちはコロナ禍のときにいただいたから、悪いものから守ってくださると思っていたけど、金虎様は金運とかも呼び込んでくれるのかな？」

「そういうお願いをして飾ると、金運を呼んできてくださるのかもしれないけど、どこまでのお力があるのかはわからないねぇ。金運をいただきたいなら、金運の神様をお祀りした神社の縁起物のほうがいいと感じるね。少彦名神社はお薬の神様だから、病気平癒のお力のほうが強いんじゃないかしら。『どうかいいお薬に巡り合い、病気が治りますように』と少彦名神社でお願いして、金虎様にその願いを乗せて毎日お参りするといいわよ。すると、金虎様が動いてくださり、いいお薬に巡り合わせていただけて、病気も良くなると思うよ」

私は安心して長男に金虎様を渡すことができました。

「埃まみれにせず大切に思っていれば、神様はずっといてくださるから」

母の言葉にほっとした私がいました。家の押入れに眠っていた金虎様に、ずっと神様がいてくださってありがたいと思うとともに、本当に申し訳なかったと深く反省しています。これからはますます大切にしたいと心に刻みました。

護王《ごおう》神社（京都府）その一

猪を祀る神社

猪を眷属神《けんぞくしん》としてお祀りしている神社が京都にあります。その名は護王神社といい、京都御所の西側、烏丸《からすま》通り沿いに鎮座され、和気清麻呂公《わけのきよまろこう》をお祀りしています。

護王神社の鳥居をくぐると、たくさんの猪に囲まれていてとても驚きます。狛犬ならぬ狛猪がおられ、神社を守っておられます。

なぜ猪が護王神社の守り神としてお祀りされているのか。

和気清麻呂公が活躍していた奈良時代、弓削道鏡《ゆげのどうきょう》という僧が法王となって、絶大な権力を振るっていました。道鏡は天皇の位も奪おうと考え、「我、道鏡を天皇にすれば天下は平和に治まる」と宇佐八幡《うさはちまん》よりご神託（神様のお告げ）があったと天皇に嘘の報告をしました。天皇は、そのご神託が本当なのかわからず迷い、清麻呂公を呼び、九州の宇佐八幡へ行って確かめてくるよう命じたそうです。

清麻呂公は宇佐八幡へ赴き、ご神前に出て「真意をお教えください」と叫びました。すると、光り輝く宇佐の大神が現れ「天皇の後継者には必ず皇族の者を立てなさい。道鏡のような無道の者は、早く追放してしまいなさい」とのご神託が下ったのでした。

ご神託を受けた清麻呂公は都へ戻り、それを天皇に報告しました。野望をくじかれた道鏡は激しく怒り、清麻呂公の足の腱を切ったうえ、大隅国《おおすみのくに》（鹿児島県）への流罪《るざい》とし、命も狙おうとしたそうです。

足の腱を切られて立つことすらできなくなった清麻呂公ですが、皇室を守った大神に感謝するため、宇佐八幡へ立ち寄ることにしました。そして一行が豊前国《ぶぜんのくに》（福岡県）に至ると、どこからか３００頭もの猪が現れました。

猪たちは清麻呂公の輿《こし》（乗り物）のまわりを囲み、道鏡の刺客たちから清麻呂公を守りながら、10里（約40キロメートル）の道のりを案内してくれたのです。清麻呂公が宇佐八幡での参拝を終えると、猪たちはどこかへ去っていきました。

不思議なことに、清麻呂公の足の痛みは治り、再び歩けるようになっていたそうです。

それから道鏡は関東へ左遷され、都へ呼び戻された清麻呂公は、時の天皇の信頼を得て活躍し、晩年まで世のため人のために尽くした、との逸話があるのです（護王神社ＨＰより抜粋）。

このようなお話から、**護王神社は足腰の病気やケガにご利益があると言われています。**かつて、フィギュアスケートの羽生結弦さんが足のケガに悩まされていたとき、たくさんのファンの方々が訪れ、足の回復を願う絵馬でいっぱいになっていたといったこともありました。

規模としてはそんなに大きくありませんが、いつもたくさんの観光客が訪れる人気の神社となっています。

そんな護王神社には、随分前から私たち家族がいつもお世話になっていて、私たちにとってはとても欠かせない一社なのです。

奈落の底

前述のとおり、ももの長女には障がいがあります。

まだ母がひらいていない、今から十数年前のこと。そのころ、ももは妊娠していました。ももにとって初めての子どもです。

ある日、ももたち夫婦は、石川県白山《はくさん》市にある白山比咩《しらやまひめ》神社にお朔日《ついたち》参りに行きました。するとそこで、たまたま石川県に来られていた、いつもお世話になっている霊能者の先生に偶然会ったのです。

先生はももを見るなり「あらー赤ちゃんができたのね」とももののお腹を撫でましたが、その途端、少し表情が雲りました。

「女の子だね」という言葉を聞き、まだ性別がわからなかったももとご主人は、女の子が欲しかったのでとても喜びました。

ただ、霊能者の先生は少し黙った後、こうつけ加えました。

「う〜ん、少し足が悪いわね……なかなか歩けないかもしれないわよ。でも大丈夫！　しっかり神様に手を合わすのよ。大丈夫だからね」

医師にもそんなことを言われていなかったももたちは、とても不思議に思いつつ、不安を覚えたそうです。

その二日後、ももは霊能者の先生から言われたことが気になりながらも、定期健診を受けに産院に向かいました。

担当医から「順調ですね」と言われ、ホッとしたのも束の間、そのときちょうど大学病院から来ていた別の先生が、もものエコーを見てその先生に何やら耳打ちをしたのです。

不安がよぎる中、その先生はこう言いました。

「少し気になるところがあるから、大きな病院で見てもらいましょう」

担当医に大学病院への紹介状をいただき、ももは県内の大学病院で詳しく検査をすることになりました。


検査の結果は残念なものでした。

「あなたの赤ちゃんは下半身に障がいがあり、歩けるようになる確率はとても低いです」

自然分娩では産むことができず、赤ちゃんは生まれてすぐに手術をする必要もあるため、ももはこの大学病院に転院することになりました。今まで通っていたアットホームで華やかな産科医院ではなく、どこか重苦しい空気も漂う大学病院で、生まれた赤ちゃんはＮＩＣＵ（新生児集中治療室）に入ることになります。

ももとご主人は、突然のことにとてもショックを受け、悲しみました。母も大学病院の先生の話を聞くため同席していたのですが、この話を聞き、あまりのショックで気を失いそうになったそうです。

悲しみと不安の中、母は赤ちゃんの障がいのことを最初に教えてくださった霊能者の先生にすぐに連絡を取り、「どうしたら生まれてくる赤ちゃんが歩けるようになるでしょうか？」と必死に尋ねました。

「希望を失ってはダメよ！　まずは〇〇家（ももの夫のご先祖様）のお墓にお参りに行き、ご先祖様の助けをいただくこと。そして、氏神様に手を合わせて、歩けるように祈りなさい。みなが心を一つにすると、奇跡も起こせる。この子は絶対に歩けるようになるから、それを信じて祈るの！」

霊能者の先生は、静かに、だけど力強く、母に言い聞かせました。

必死の願い

霊能者の先生の言葉を信じ、ももたち夫婦と母、そして私たち家族も、必死になって神社でお祈りをする日々を送りました。特に母は誰よりも熱心に、毎日毎日氏神様に祈りを捧げていたようでした。

ももは入院し、出産の日を迎えました。赤ちゃんは帝王切開で無事に生まれ、霊能者の先生に言われたとおり女の子でした。そして、下半身には重い障がいがあり、その日のうちに10時間以上の大手術が行われたのです。

今になって言えることですが、もしこの病気に気づかず、普通分娩で生んでいたら……と思うと、怖くて仕方がありません。

そんなとき、このことを知る母の友人が、京都旅行の際、たまたま足腰にご利益があると言われる護王神社を見つけ、お参りをしてくださったのです。護王神社は猪を祀られていますが、ももの長女が生まれた年はちょうど亥年《いどし》でした。亥年生まれの足に障がいのある赤ちゃんに、なんとかいい縁がいただけないかと思って、お守りを買ってきてくれました。私たちは、とてもありがたく思い感謝していました。

赤ちゃんは生まれてからずっとＮＩＣＵに入院していました。ですが、私たちの祈りが通じたのか、**その後予定されていた手術もする必要がなくなり、奇跡的にたった3カ月で退院することができたのです！**

母やももたち夫婦、私たち家族が、すがるような気持ちでご縁をいただき、大難を小難にしていただいた護王神社。私たちはお礼参りを兼ねて、ごあいさつに行くことにしました。

猪を守り神としている神社なので、境内には猪が元気に走り回っていました（亥年ということで、期間限定で本物の猪がいました）。

そこで私たちは、一匹の猪の名前を見て驚きました。障がいのあるもの長女の名前と同じだったのです。

この護王神社は、姪にとってとてもご縁があると感じた瞬間でした。

奇跡の快復

姪は退院したものの、障がいが完治したわけではなく、医師からは「この病気は歩けるようになる可能性が低く、一生車椅子の生活になる」と言われていました。この病気と一生付き合っていかなければなりません。

この現実は重く私たちにのしかかり、姪の未来を思うと不憫で、私たちもとても辛かったのです。

私たち家族は、姪がどうにか歩けるよう、護王神社で必死にお祈りしました。また、氏神神社やいつもお世話になっている他の神社でも、必ずこの子のことを思い、お祈りしていました。文字どおり、希望を持ってできることは何でもしたのです。

特に母は、自分のことより孫のことを思い「できることなら、私が代わってあげたい」とまで言って思い詰めていたようです。母がひらいたのはまさにその最中。

今になって、母はこんなことを言います。

「私のお役目もあったんだろうけど、この子のことを必死で祈っている中で神様とつながり、ひらいたのかもしれないねぇ」

母はきっとそのくらい必死で祈っていたのでしょう。

母がひらいて間もなくのこと。そのころ、姪は2歳になっていました。

ある日突然、母は「この子は歩けるかもしれない！　この子が歩いているのが見える。少し足を引きずりながらだけど、走っているのも見えるよ」と言ったのです。

ももたち夫婦、そして私たち家族は、そんな母の言葉を信じ「少しずつ良くなる」と、この子のことを祈り続けていました。

すると**姪がもうすぐ3歳になるころ、突然立って歩きだしたのです。**一生車椅子で生活しなければならないと言われていた姪が。私たちの感動は計り知れないほどでした。

生まれたときからずっと診ていただいている担当の先生からは、「あの状態で生まれてきた子が歩くことができたなんて、学会で発表したい」とまで言われました。

姪が踏みだした一歩を、私たち家族だけでなく、病院関係者のみなさんや母の友人など、たくさんの人が喜んでくれました。

まだまだ健常者と同じようにはいかず、制限もありますが、幼稚園に通うこともでき、姪はすくすくと成長していったのでした。

高千穂《たかちほ》神社（宮崎県）

神様のお名前は難しい

宮崎県高千穂町に鎮座される高千穂神社。御祭神は高千穂皇神《たかちほすめがみ》で、日本神話の日向《ひむか》三代と称される皇祖神《こうそしん》とその配偶神のご夫婦の総称です。

そして、

天津彦彦火瓊瓊杵尊《あまつひこひこほのににぎのみこと》
木花開耶姫命《このはなさくやひめのみこと》
彦火火出見尊《ひこほほでみのみこと》
豊玉姫命《とよたまひめのみこと》
彦波瀲武鸕鷀草葺不合尊《ひこなぎさたけうがやふきあえずのみこと》
玉依姫命《たまよりひめのみこと》

と、たくさんの神様が祀られています。

このように神様のお名前はとても難しく、正直私もなかなか覚えられません。無理に覚える必要はないと思いますが、これについて以前母にこう言われました。

「神社にお参りするとき、**最初に『○○神社の大神様、お参りに来させていただき、ありがとうございます！』とお声がけするといいけど、そのときにできれば神様のお名前をお呼びすると、より丁寧で本当はいいのよ。**お名前が難しいなら、『○○神社の大神様』だけでもいいけどね。例えば、**私たちだって知らない人から急に『ねぇねぇ』と声をかけられるより、ちゃんと名前で呼ばれるほうが耳を傾けるでしょ？　あと何より『ねぇねぇ』と呼んでおいて、突然お願い事を言いだすのは失礼と思わない？**　ご縁やお力をいただきたくて来ているはずなんだから、何事も丁寧にね」

それからというもの、私は難しい神様のお名前は事前に調べて紙に書いてでも、お名前を呼ぶようにしています。

高千穂神社のように、たくさんの神様がおられる場合は「高千穂神社の大神様」とだけでもかまわないと思いますが、私の場合、神様により聞いていただくために「高千穂神社の大神様、高千穂神社の大神様、高千穂神社の大神様」と三回復唱するようにしています。

厳かな神社

高千穂神社は静かで落ち着いた雰囲気の神社です。

母の希望で、高千穂神社でご祈祷をしてもらったことがあります。丁寧なご祈祷をしていただき、とてもありがたい気持ちになったことを覚えています。


「お母さん、どう感じた？」

初めての神社では、私はいつも母に神様の様子を聞いてしまいます。

「ここはたくさんの神様を感じる。静かにしっかり話を聞いてくださる。古くから根をはった素晴らしい神様ね」

「ここは恐れ多くて、個人的なお願いをしてはいけない雰囲気だね……」

「荘厳で素晴らしい神社だということは、訪れたみんながわかることだけど、個人的な願いを聞いてくれない、恐れ多い……ってことはないよ。地元に根付いてる神様だから、ちゃんと感謝してからお願い事をすると、きちんと聞いてくださる神様だよ。私はお参りに来させていただいた感謝だけしたけど、ここでは夫婦円満や家族繁栄などのお願いがいいかもね。でも、お礼参りはしてほしいから、叶ったときにお礼参りに来られるかを考えてからお願い事はしようね」

今回は初めてのお参りだったので、私もご縁をいただけたことへの感謝だけ伝えました。

その後、九州に行くたびにお参りするほどの大好きな神社になります。

事故をよく起こす人

ある年、母と私は九州に参拝旅行に行き、いつものように高千穂神社を訪れました。

そこで交通安全のお守りを見つけました。

このお守りを見た母は「かわいいお守りね。でも、しっかり神様の気も入っている。このお守りなら若い子も付けてくれるかしら?」と言ったので、私は「私たち姉妹の子どもたちのことかな?」と思い、「誰に?」と尋ねると、母は友人のお孫さんの名前を出しました。

実は、母の長年の友人のお孫さん(Bさん)が、免許を

高千穂神社の交通安全のお守り

とってすぐ立て続けに三度も事故を起こしてしまっていたのです。いずれも大事故ではなかったので良かったのですが、母は小さいころから知っているBさんのことを心配していました。

母はその交通安全のお守りをいただき、後日、友人からBさんに渡してもらったのです。

しかし、それから数カ月たったある日のこと。Bさんがまた事故を起こしてしまいました。しかも、山道を走行中に、崖から転落したというではありませんか！

「崖から落ちた!? 体は大丈夫なの？ 高千穂神社の交通安全のお守りをあげて数カ月しかたってないのに、もしかしてお守りを付けてなかったの？」

私はBさんのことが心配でたまりませんでした。

お守りのご利益

母からお孫さんの体は大丈夫だと聞き、私はひとまず安心しました。

それから母は、あのお守りについて話してくれました。

「それがね……、私があげたあのお守りをBさんはとても気に入ってくれて、すぐに車内の目に付くところに付けてくれたらしいの。危ないと思ったときはあのお守りを手で触って『守ってくれてありがとうございます！』とちゃんと言ってたらしいのよ」

お守りはちゃんとBさんの手に渡り、私もしているように、たまにお守りに触れて感謝もしていたというのです。

「あの事故は、山での合宿に参加していた友達をお迎えに行くためだったらしい。当然、初めての道で慣れてないっていうのもあるんだけど、運転中にティッシュを取ろうとして、ハンドル操作を誤って崖に転落してしまったって顛末よ。ただ、崖を何メートルも落ちたのに、車が木に引っかかる形で止まってBさんはまったくケガがなかったの。車はもうダメみたいだけどね。救出されたBさんは、お巡りさんから『ここまで転落してケガ一つなかったなんて人、初めて見たよ』と驚かれたそうよ」

確かに、廃車になるほどの事故だったのに、ケガがまったくなかったとは驚きます。

「Bさんはお守りが守ってくれたと思ったようで、引き上げた車の中をくまなく探したけど、どうしてもあのお守りだけ見つからなかったんだって。Bさんは『自分の身代わりみたいに消えちゃった』と言ったそうだけど、本当にBさんを守ってなくなっちゃったのかもしれないね」

不思議なことですが、本当にお守りが守ってくれたのかもしれません。

副次的なご利益

「この話にはオマケもあってね……」

母は話を続けます。

「もともと中古で安く購入した車が、こんな形で何度も事故を起こしてたから、Bさんは車を買い替えようとしていたところだったみたい。この事故でエアバッグが開いて車が全損扱いになったけど、車両保険に入ってたから、保険屋さんからお金が出るでしょう。そのお金を頭金にして、新しい車が買えたんだって」

なんとも現金な話ですが、それは幸いでした。

「友達を迎えに行ったという話だったけど、その友達を乗せてからの事故だったら、友達のケガも心配だったけど、乗っていたのが自分だけだったのも良かった。Bさんは『こんなふうに守ってくれるなんて、お守りのおかげだと本当に思った。ありがとうございます』と感謝していたよ」

Bさんが無事だっただけでなく、友達にも怖い思いやケガをさせずに済んで本当に良かった。一連の話を聞き、改めて私も安心しました。

お守りへの感謝

Bさんは「あのお守り……とても気に入ってたのに、なくなってしまい悲しい。今度新しい車が届いたら車のご祈祷をして、定期的にお守りも新しくして、これからは気をつけて乗ります」と言っていたそうです。

話を聞いた母も「こんな守られ方もあるんだね」と言い、そっと手を合わせたのでした。

実は私も、同じお守りを同じ日にいただいています。車に付けてから間もなく一年がたとうとしていて、そろそろお返しする時期です。ただ、こんな不思議な話を聞くと、私もこのお守りが愛しくなり、お返しするのが何だか寂しい気持ちになっているのでした。

高千穂神社は私たちの住まいからは遠く、なかなか行けるところではありません。でも、できれば一年たつ前にまた参拝し、再びお守りをいただきたいなと思いました。

ハッピー、三姉妹イチオシ!

地域別オススメ神社

今回は北陸編、中部編です。私たちが住む石川県、そして福井県、富山県を「北陸地方」、新潟県、山梨県、長野県、岐阜県、静岡県、愛知県を「中部地方」と分けて考えてみました。近いだけあってさまざまな神社を参拝しており、いい神社もたくさんあるので大変悩みましたが、頑張ってそれぞれ三社を決めました。

北陸編

白山比咩《しらやまひめ》神社

●石川県

↓273P

私たちが住む石川県の加賀一の宮である白山比咩神社は、縁結びの神様としてとても有名です。ご縁と言えば白山比咩神社の御祭神ククリヒメ様、と言っても過言ではありません。人生において一番大切なのは、やはりご縁ですよね。いいご縁に恵まれると、仕事もプライベートも充実するでしょう。白山比咩神社は、どんなご縁でも結んでくれる最強の神社だと思っています。

雄山《おやま》神社・芦峅中宮祈願殿《あしくらちゅうぐうきがんでん》

●富山県

↓26P

霊峰立山の主峰・雄山に鎮座される雄山神社は、雄山頂上の峰本宮と芦峅寺《あしくらじ》の中宮祈願殿、岩《いわ》峅寺《くらじ》の前立社壇《まえだてしゃだん》の三社からなる神社で、特に母が好きなのが芦峅中宮祈願殿です。母の前世は立山で修行していた山伏ということもあり、母はこちらに来ると心が落ち着くようです。私は年に一度はお参りし、ご祈祷をしていますが、行くたびに私も心が洗われるような、ピリッと引き締まるような、そんな感覚になる独特の神社です。

気比《けひ》神宮

●福井県

北陸道総鎮守 越前國《えちぜんのくに》一の宮である気比神宮は、日本三代鳥居の大鳥居が圧巻です。「たくさんの神様がおられて、すべての海はつながっておる。こちらで祈ればすべてつながる」と、母を通じてこちらの神様に教えてもらいました。気比神宮からは海が見えないのですが、お参りすると海を感じるような神社で、どんな願い事をしても包みこんでくれるように感じる懐の深い神社です。

中部編

戸隠《とがくし》神社五社

長野県

奥社《おくしゃ》・中社《ちゅうしゃ》・宝光社《ほうこうしゃ》・九頭龍《くずりゅう》社《しゃ》・火之御子社《ひのみこしゃ》の五社からなる戸隠神社。母は奥社の神様、タヂカラオ様にお力をいただいており、ご縁のある神社です。中心となる中社の天八意思兼命《あめのやごころおもいかねのみこと》は天の世界のフィクサーで、困ったときは中社にお参りしたいというほど。私たちも、参拝すると胸のつかえが取れるかのように清々しい気持ちになります。奥社は車では行けず、参拝は大変ですが、ぜひ五社参りをしてみてほしいです。

熱田《あつた》神宮

愛知県

母も私たち家族も大好きな神社の一つです。行かれたことのある方はわかると思いますが、大きな境内に清々しい本殿が印象的で、名古屋という都会の中で、門戸を広く、たくさんの人を受け入れ、そして守り、お力を与えてきた格式高い神社だというのがよくわかりますよね。中部地方では戸隠神社と並ぶほどおすすめの神社です。

北口本宮冨士浅間《きたぐちほんぐうふじせんげん》神社

山梨県

↓170P

浅間神社は全国にたくさんあります。その浅間神社の総本宮と言われている静岡県の富士山本宮浅間大社ももちろんとても素晴らしいのですが、今回は北口本宮冨士浅間神社を選びました。よく参拝するので馴染み深いというのもあるのですが、御祭神であるコノハナサクヤヒメ様の何とも言えぬ強さと美しさを感じることができる北口本宮。参拝に行くと本当に落ち着きます。すぐ近くの新屋山《あらややま》神社と併せてぜひ参拝してみてくださいね。

第4章

子どもたちの幸せを祈る

大山祇《おおやまつみ》神社・子安《こやす》神社（伊勢神宮／三重県）

ワガママ娘と子授けの神様

ももの長女は、障がいがあることで家族みんなにどこかかわいそうな子だという意識があり、甘やかしたせいもあったのでしょうか。小学生になると、自分勝手でワガママなところが目立つようになってきました。

ずっと目をかけてきた母も、その点が気になっていたようです。

「この子は一人っ子で障がいもあるせいで、甘やかされて育ってしまった。この子のためにも、きょうだいがいたほうがいいと思う。この子を助けてくれる妹がいるといい。あなたたちはどう思う？」

母がももたち夫婦に尋ねると、二人とも、一人っ子の娘のためにも本当は妹が欲しいと密かに思っていたようでした。

しかしながら、ももたち夫婦は「かずたま（数霊）」で見ると、もともと子どもが授かりにくい夫婦と出ていて、年齢的にも難しかったので、母に相談しようと考えていたというのです。

ちなみに、「かずたま」とは、数に秘められたエネルギーを読み解く占術です。

私たちがいつもお世話になっている霊能者の先生は、霊感だけでなく「かずたま」を併用して鑑定をしています。先生によると、「いろんな占いを見てきた中で『かずたま』が一番正確だと思っているの。『かずたま』は古代からの占いで歴史が深いのよ」とのこと。

その先生に勧められて、私たち姉妹は、随分長い間「かずたま」を勉強しています。とても奥が深くて面白く、自分のことや家族のことがよくわかるので、私たちは折に触れて「かずたま」を用いて自分たちや家族の人生を占ってきました（母は「かずたま」については知りません）。

話を戻しますと、ももたち夫婦が子どものことを相談すると、母はこんな助言をしました。

「子安神社に参拝して、コノハナサクヤヒメ様に願っておいで」

私たちは毎年同じ時期に、伊勢の神宮にお参りしています。そして、母からそう言われたときは、ちょうど数日後に三姉妹家族と父母を含め、みんなで恒例の伊勢神宮参拝をする予定になっていました。

「ちょうどいいね。、伊勢神宮内宮《ないくう》に鎮座されているコノハナサクヤヒメ様にお願いしてこようね」

母は嬉しそうにももの背中を押しました。

私たちは予定通り伊勢神宮に向かいました。

伊勢神宮には、皇室のご祖先を神と仰ぎ、私たち国民の大御祖神《おおみおやがみ》として崇敬を集める天照大御神《あまてらすおおみかみ》をお祀りする皇大神宮《こうたいじんぐう》（内宮）と、衣食住など産業の守り神である豊受大御神《とようけのおおみかみ》をお祀りする豊受大神宮（外宮《げくう》）をはじめ、14所の別宮《べつぐう》、43所の摂社《せっしゃ》、24所の末社《まっしゃ》、42所の所管社があります。これら125の宮社《ぐうしゃ》すべてを含めて「神宮」といいます（HPより抜粋）。

今回、私たちが参拝する子安神社は内宮にあります。内宮の宇治橋を渡った先で、正宮《しょうぐう》である皇大神宮に向かうにはここで右に曲がるのですが、まっすぐ進むと知る人ぞ知る大山祇神社・子安神社があります。大山祇神社・子安神社は、私の夫が慕っている大山祇様をお祀りしているので、私たちも前からお参りしている神社でした。

所管社のうち、内宮の大山祇神社・子安神社で、ももたち夫婦は二人一緒に心を合わせ、必死で願います。

「どうか体が不自由なこの子を助けていただくため、ぜいたくな願いで申し訳ございませんが、この子に妹を授けていただけますように」

すると、驚いたことに**子安神社でお参りしてすぐ、ももは赤ちゃんを授かったのです。**

障がいがありつつも成長した姪は、小学生になり、初めてきょうだいができました。

神様に願い、生まれてきた妹と生活することになった姪。最初こそ、自分が一番だとますます自己主張が強くなったのですが、次第に赤ちゃんをとてもかわいがるようになりました。そして、時には進んで面倒を見るようにもなったのです。少しずつワガママも減ってきて、人を思いやる優しい性格も見えるようになってきました。

一方で、障がいのせいで自分に自信がないのか、学校で友達ができなかったり、年齢を重ねるにつれて自分の体が人とは違うことがだんだんわかってきて、辛くなったりすることもあったようです。

そんな姿を見ていたももたちは、心配事が絶えないようでした。

護王神社（京都府）その二

子供守神

ももたち夫婦や私たち家族がももの長女を心配する中、みんなで再び京都の護王神社にお参りさせていただくことになりました。

前述のとおり、護王神社は姪の足の快復を願った神社です。ももの家族は、京都に行く際には必ず護王神社に立ち寄りお参りしていました。お参りにはいつも必ずお酒を持って行き、年初めにはご祈祷をしていました。

当時、遠方から頻繁にお参りに来ているからか、ありがたいことにご祈祷でなくても本殿の中に入れていただき、神様に直接お参りさせてもらっていました。

しかし、このときはちょうど結婚式と重なっていたようで、本殿は準備中のため入れず、隣の祈願殿でお参りさせていただくことになりました。

「これからも、姪のことをよろしくお願いします」

私がお願いをして帰ろうとすると、突然、母が土下座をしました。私も家族も近くにいた神職の方もみな、母の姿を見て驚きました。土下座をした母は頭を下げたまま、長い間誰かと話している様子でした。


気づくと、ももは必死な様子の母を見て涙ぐんでいました。

母の長いお参りが終わると、ももは心配そうに尋ねます。

「何か言われたの？　どうしたの？」

「実は、いつものようにお参りしていたら、龍神さまに促されるように『この子をどうか20歳まで護王様の御子《みこ》として、ここで預かっていただけませんか？』という言葉が勝手に口から出てきて、目の前におられるお使いの女の神様にお願いしていたのよ。そのお使いの神様は少し驚かれて、『私では決めかねます。しばらくお待ちください』と、結婚式で忙しくされている奥のほうに戻られたの。この祈願殿の奥には長い廊下があって、その先に御祭神やお付きの神様が住むところがあるみたいなのね。しばらくして、中から位が上の女の神様が出てこられたので、龍神さまに背中を押されるように土下座をしたの。そしてもう一度『この子を護王神社の御子として、20歳まで預かっていただけませんか？』とお願いすると、神様は少し考えられて『わかりました……。**20歳まで御子として預かりま**

しょう』と笑顔でおっしゃってくれたのよ。もう嬉しいやら驚くやらで、涙が出てきたよ」

母はとても嬉しそうにそんな不思議な体験を話しました。

ただ、突拍子もない話に、私の理解はすぐには追いつきません。

「『御子』ってどういうことなんだろう？　確かによくお参りはしているけど。でもなぜこの護王神社なんだろう？　もっと近くによく行かせていただく神社もあるし、氏神様でもいいのでは？」

脳裏には、たくさんの疑問が次々と湧いてきていました。


ところで、祈願殿の上方を見てみると、そこには表札のような小さな字で「子供守神」と書いてあるではありませんか。

私は神職の方に意味を尋ねました。

「護王神社の御祭神である和気清麻呂《わけのきよまろ》公の姉、和気広虫姫命《わけのひろむしひめのみこと》は戦の際、親を失ったたくさんの孤児を引き取り育てたとても慈悲深いお優しい方だったので、そのことにちなみ、『子供守神』としてお祀りしているのです」

だから龍神さまは、ここで御子として預かってもらえと言ったのか。私は母の言葉の意味を少しわかった気がしました。

とはいえ、預かっていただくといっても、実際のところ、姪はももたち家族とともに普通に暮らしています。

御子になった姪

あの日からしばらくたち、私は母に「御子」について尋ねました。

「あの子（姪）の様子はまだあまり変わらないけど、本当に預かってもらっているの？　そもそも預かってもらっているってどういうことなの？」

「私も気になって、朝のお参りのときに龍神さまにおうかがいしてみたのよ。そうしたら、護王神社の奥の長い廊下の先にたくさんの部屋があるんだけど、どうやら**夜、あの子が眠った後にそこに連れて行って、和歌や俳句、習字、作法など、いろんなことを教えてくださっているみたいなの。**それを聞いて、夜、あの子が寝ているときに何をしてるか感応してみたの。するとね、面白いことがわかったの。おかっぱ頭のあの子が昔の着物を着て、厳しそうな年配の女性に習字を教えてもらっていてね。あの子が飽きて行儀が悪くなると、扇子のようなもので足をペチッと叩かれてて、思わず笑ってしまったのよ。しかも、あの子だけかと思っていたら、他にも子どもが三人いて、同じように習字を習っていたのよ。きっとその子たちの親御さんが護王神社に懇意でお願いに行ってるか、もともとご縁があったお子さんを預かってるんだと思うけど、本当に驚いたわよ」

隣にいたももは、その話を聞いてとても驚きました。

「実は、あの子が今朝起きてすぐ、寝ぼけて『あまねく……ごとく……』みたいなことを呟いていたの！　何を言ってるかはわからなかったんだけど、和歌のような、昔の言葉のようなことを言っていた気がする。でも、あの子はそんな言葉がわかるはずがないから、どうしたんだろうと思ってたの。それにこの間、あの子のノートを見ると、とても字が上手になっていてビックリした。特に習字も習っていないのに上手くなっているから、こんな才能があったのかと感心していたところなの。まさか夜の間にこの子を教育してくれているとは……」

「すぐにはわからないかもしれないけど、きっとあの子は大丈夫よ。神様にお任せして見守っていこうね」

神様からのありがたいご加護に涙ぐむももを、母は優しく包み込んでいました。

ももたち家族は、それからも事あるごとに感謝をお伝えするため、護王神社に参拝しています。

その際、ももは神様にお酒を奉納していますが、母は「ここには預かっていただいてる子どもたちがいるから、子どもたちが食べるお菓子を奉納したいの」と、菓子折りも用意して持って行くのです。しかも、「和菓子はよく召し上がってると思うから」と、子どもたちが好きそうな洋菓子を選ぶことが多いです。

護王神社に、いつも洋菓子の菓子折りを奉納する母。

「お菓子なんて持って行っても、神社の方が食べてしまうから、預かってもらっている子どもたちの口には入らないよね？」

私は素朴な疑問を母に投げかけました。

「神職の方が神様にお供えしてるでしょう？」

確かに、参拝者が奉納したお酒やお菓子は、まずは神職の方が神様にお供えします。

「その後、神社で働く方や他の誰かがいただいても全然かまわないの。不思議だけど、**お供えしたものは子どもたちがちゃんと食べてるのよ**」

そう語る母はお菓子を買うとき、「今日は何がいいかな？」とまるで孫とその友達に差し入れをするように、いつも楽しそうに選んでいます。そして、「いつも孫がお世話になっています」と、心を込めてお参りしているのです。

修行の成果

あれから、姪は無事に、まわりが心配していた問題を一つ一つクリアしていきました。今では仲のいい友達もできて、おませなことも言うようになり、日々楽しく過ごしているようです。

この子が障がいと一生付き合っていかなければならないことには変わりませんが、生まれる前に懸念されていた車椅子を使わずとも、歩いて学校に通うことができています。

伯母の私から見ても、まだまだワガママなところはありますが、年齢的なものもあるでしょう。綺麗な字を書き、絵も上手で、素直で優しい、かわいい娘に成長しています。

20歳まではまだ数年ありますが、護王神社の神様のお力をお借りしてどんな女性になるのか、家族みんなで楽しみに見守っています。

尾張冨士大宮浅間神社《おわりふじおおみやせんげんじんじゃ》（愛知県）

不登校のきょうだい

姪を京都の護王神社に20歳まで預かっていただく話をブログにアップすると、それを見てくれた知人から連絡が来ました。愛知県にも有名な子預けの神社があり、以前、その方のお子さんたちを預けるご祈祷をしたとのこと。場所は、尾張冨士大宮浅間神社です。

知人のお子さんは年子のきょうだいで、上の子（Cさん）が小学生の途中から学校に行かなくなっていました。

特にイジメがあったわけではないそうですが、繊細な子で、学校に行くと人間関係に疲れてしまうようでした。そのうち、登校してもすぐ帰ってくるようになり、最終的には行かなくなったそうです。

最初は、ご両親も「この子をどうしても学校に行かせないと……」と考え、各所に相談して回っていました。

そんな中、学校にも友達がたくさんいて楽しそうだった下の子（Dさん）も、つられるように学校に行かなくなりました。小学校、中学校と二人ともほとんど学校に行かず、家で過ごすようになったのです。

子どもたちのことをずっと心配していたご両親は、氏神様にも何度もお参りしました。

そんな中、尾張冨士浅間神社に「預け子祈祷」というものがあり、20歳まで預かっていただけることを知り、藁にもすがる思いで二人のお子さんの子預けのご祈祷をしていただいたそうです。

それからは毎年、尾張冨士大宮浅間神社にお参りしては「子どもをよろしくお願いします」と手を合わせ、子どもたちを見守っていました。

数年後、Cさんが中学3年生のとき、進路の話になると、その子が「高校受験をしたい」と言いだしました。どうやらCさんには行きたい高校があったらしく、ダメ元で受験してみると合格できたのです。

「小学校も中学校もほぼ行ってなかったのに、高校受験に合格できるなんて……」

話を聞いた私は、とても驚いたのを覚えています。

さらにその翌年、Dさんも同じように「高校に行きたい」と言いだし、受験を乗り切り高校に入学できたのです。

「Cは学校に行っていなくても、もともと成績が良かったのでそれほど不安はなかったけど、Dは成績があまり良くなかったから、合格したのはとても驚いた……」

ご両親は驚きつつも、嬉しそうにそう語ってくれました。

その後、Cさんは休むことなく高校に通い、成績も上位で、友達も恋人もできて楽しく過ごしたそうで、大学にも進学しました。今では就職し、結婚をして幸せに暮らしています。


Dさんはどうなったかというと、やはり学業には苦労したとのこと。ご両親は尾張富士大宮浅間神社だけでなく、いろいろな神社にお参りしていたそうで、特に氏神様と近くの某神社にもお参りしていました。その神社で毎年ご祈祷をしていただいていたようで、宮司さんとも顔馴染みになっていました。

その宮司さんは兼業で学校の先生をされていて、Dさんが高校に入った年に、その高校に転任されてきたというのです。しかもDさんのクラスの副担任で、その子が入った部活の顧問の先生でもありました。

なんというご縁でしょう。ご両親だけでなく、宮司さんも驚いていたそうです。

そして、Dさんが3年生になると、宮司さんは進路担当として支えてくださり、Dさんはみんなに無理だろうと言われていた大学にも合格できました。ご両親は、「小学校も中学校もほとんど行かず、成績もビリだったあの子が希望の大学に合格できた……。感無量……」と大変喜んでいました。まさに神業ですね。

それから、Dさんは大学でも単位を落とすことなく無事に卒業し、今は立派に働いています。ご両親にもとても感謝しているといいます。

預け子祈祷とは

知人から聞いた尾張冨士大宮浅間神社の預け子祈祷の話。私は子育ての真っ最中なこともあり、とても興味が湧きました。

これまでさまざまな神社でご祈祷していただきましたが、預け子祈祷はしたことがありません。預け子祈祷とはどんなものなのか。神様に直接聞いてもらいたいと母にお願いし、私は母と二人、尾張冨士大宮浅間神社へとお参りに行きました。

まずは障がいのある姪のご祈祷をお願いしようと、申込書に記入し、本殿に入ります。

準備に時間がかかっているのか、二人で待つ時間がしばらくありました。

　ご祈祷が始まる前ですが、私は手を合わせて、心の中で自分の名前と住所などをお話しし、初めてお参りに来させていただいたことへの感謝を述べました。そして、姪の子預けのご祈祷に来たことをお話ししようとすると、隣で手を合わせていた母が、ポツリと小さな声で話しだしました。

「少しお年を召されたとても綺麗な女の神様が、お供の女の神様をお連れになって、スーッと現れてくれたよ。今、三柱の神様がおられる……」

　もう神様がいらっしゃるようです。ご祈祷の準備にはもう少し時間がかかりそうなので、母に預け子祈祷について聞いてもらうことにしました。

「預け子祈祷とはどのようなものなのですか？」

　母は目を閉じて再び手を合わせると、私の疑問を神様に尋ねてくれました。ささやく声が静かな本殿に溶け込んでいきます。

「教えてくれたよ。随分昔からたくさんの子どもたちを預かっていて、その子どもたちの魂があの山の上にあるんだって」

「山で何をしているんですか？」

「毎朝祝詞《のりと》をあげて山に登る。**その者がなりたいものに近づける。なりたいものがまだ見つからない場合はそれが見つかるように、その者が輝けるようなその者に合った修行をさ**

せておる、と言われたよ。神社の奥の山のことね。コノハナサクヤヒメ様が手前におられるけど、頂上では大きなアマテラス様が包んでいらっしゃる。コノハナサクヤヒメ様とアマテラス様に見守られながら、預かった子どもたちの魂はその子その子に合った修行をしているんだね」

「何人くらいの子どもを預かっていらっしゃるのですか？」

「数え切れぬほど預かっておる。20歳になれば魂は返す。がしかし……預けっぱなしの者もとても多い。俗に追われ忙しくしておるのであろう。預けっぱなしだからといっても怒ってはおらぬ。ただ、**預けっぱなしの者には魂は返せぬ**」

「その場合、魂はどうされているのですか？」

「そのような者の魂は、今も山で修行しておる。**大切な子どもを預けたならば、毎年顔を見せよ**、と神様はおっしゃっているよ。やはり預けっぱなし、すなわちご祈祷したら終わり……ではないよね。**20歳の区切りで『ありがとうございました』と魂を返していただきに来ないと失礼だと思うよ。**子どもの魂もかわいそうだよね」

母は神様の声を代弁しながら、とても悲しい顔をしていました。

「では、20歳を過ぎた子どもはダメですか？　私の次男は20歳を超えていますが、まだ学生です。魂が未熟なので、学生の間だけでも預かっていただきたいです」

「そなたにとっては、いつまでたっても子どもは子ども。**20歳を超えても未熟な者は多い。祈祷までせぬともいいが連れて参れ**、と笑顔でおっしゃってくれたよ。確かにそうね。今はもの子だけご祈祷させていただくけど、次はみんなを連れて来たらいいね。そして頼んだ子どもが整ったと思えば、神恩《しんおん》感謝の祈祷をして、魂を返していただくといい」

「今日は妹のものの子だけ、ご祈祷を申し込んでいますが、今ここにはいません。次はもの子とともに私の子も連れてきます」

「一度は顔を見せよ。待っておるぞ、とおっしゃったよ。やはり、子どもを預けるなら本人も連れて来てほしいんだね。そして親は毎年お参りに来て、その子のことをご報告すると神様も喜ばれるよ」

最後に、この話をブログで書いてもいいか尋ねてみることにしました。

「このことを書かせていただきます。もしかすると子どもを預けたい方がたくさん来られるかもしれませんが、大丈夫でしょうか?」

「引き受けるぞ。**昔からたくさんのものを引き受けておる。それだけの力は持っておる**」

なんとありがたいこと。私の頬には涙が伝っていました。

古くから培われてきた預け子の実績

一通り気になることをお聞きできたなと思っていると、神職の方が来られてご祈祷が始まりました。

今回は姪の預け子祈祷をしてもらいます。この日、姪もその母であるももも連れて来ていなかったので、私と母はももに代わって姪の状況を説明して、「この子が輝ける道に進ませてほしい」とお願いしてきました。そして、すでにこの子は京都の護王神社で預かっていただいていることもお話ししました。

別の神社で預かってもらっている子どもを、こちらでも預かってもらうことはできるのでしょうか。

後に、このことについて母に聞くと、まったく問題はないとのことでした。尾張富士大宮浅間神社の神様は「わかりました。そちらでできぬことをこちらで学ばせましょう」と言ってくれたそうです。

母が言うには、「護王神社は、こちらのようにたくさんの子どもを預かってはいないみたい。こちらの**尾張冨士大宮浅間神社は、昔からたくさんの子どもを預かってきているので、専門的なノウハウがあり、神様もたくさんおられるから、規模が違う**そうよ」だそうです。

こちらの預け子祈祷はとてもいいと感じたので、私の次男とまだ20歳になっていない長女、そして姪を一緒に連れて来て、預け子祈祷を受け、神様に顔を見ていただこうと思いました。

最後にそのことを本殿でお伝えして、尾張冨士大宮浅間神社を後にしました。

成人している子どもの預け子

あれから数カ月。障がいのある姪とその妹、そして私の二人の子どもたち（次男と10代の長女）を連れて、再び尾張冨士大宮浅間神社にお参りに行きました。

前回来たときは木々が赤く色づいていましたが、この日は桜が咲きはじめています。春の日差しが降り注ぎ、気持ちのいい日曜日。前は閑散としていた駐車場に、今回はたくさんの車が停まっていました。

桜を眺めたり写真を撮ったりする人や山に登る人。お参りの仕方は人それぞれです。私たちも綺麗な桜を見ながら、駐車場から少し下がった場所にある社務所へと向かい、さっそく預け子祈祷を申し込みました。

私の次男は20歳を超えていますので、ご祈祷は「心願成就」で申し込み、預け子と同じように神様にお願いするといいと母から言われていたので、そのようにします。

宮司さんにも一応確認すると、「預け子でもいいですが、お預かりした魂は20歳で一旦お返しするので、心願成就にしたほうがいいかもしれませんね」とのこと。きっと、20歳を超えた子どもの預け子祈祷をされる人は、ほとんどいらっしゃらないのではないかなと思います。

でも、前回母を通して神様から「子どもはいつまでたっても子ども。お主が預けたいと思うなら預けるがいい。引き受けよう」とおっしゃっていただいたので、特別ではありますが、次男のご祈祷もお願いすることにしました。今さらですが、もっと早いうちから預け子祈祷をさせたかったなと思ったのでした。

そして今回は、神様から「一度顔を見せよ」とおっしゃっていただいた姪も連れて来ていたので、私は「預かっていただきありがとうございます」とご報告もできました。

子どもたちの預け子祈祷と心願成就のご祈祷は滞りなく終わり、私はほっと胸を撫で下ろしました。

魂の玉

ご祈祷後、母に神様の様子を尋ねてみました。

「前にご祈祷をして魂を預けているももの子を連れて行ったからか、神様はとっても嬉しそうにニコニコと前に出て来られてね。修行しているももの子の魂も、神様と一緒に上から降りてきたよ」

「魂ってどういうもの？」

「キラキラと光る丸い玉。光っているから大きさはわからないけど、あれがももの子の魂なのかなと感じたよ。ご祈祷のとき、神様はその魂をギュッと握って、上にスーッと上げられたのよ」

母は玉を握るように手を丸め、フワッと上げる動作をして説明してくれました。

「今回、新たにももの次女とかえでの次男と長女、合わせて三人の子を預かってほしいと願ったでしょう？　そうしたら、一人一人の魂の玉を順番に前に出されて、同じように上に上げられたの」

そういえば、ご祈祷の最中、母は手を前に出して何かに力を込めるような仕草をし、その手を上げていました。

「お母さんも神様と一緒に魂に力を込めていたの？」

「そうなのよ。神様が前に光の玉を出されて力を込められていたから、同じように私もパワーを送っていたの。『子どもたちそれぞれがこういう道に進みたいと思っています。どうか良き道にお導きください』と願い、力を込めながら。それから一緒に上げていたの」

「ところで、次男は心願成就のご祈祷だったけど、大丈夫だったかしら？」

「大丈夫。同じように魂は上がっていった。ありがたかった。これを見たら、**魂は必ず本人を連れて来て返してもらわないといけないと思ったよ。ご祈祷しっぱなし、お願いしっぱなしではダメ。本人の顔を見せると、神様がこんなに喜ばれるんだと思ったの**」

本人を連れて来るのは大切なこと。必ず子どもたちを連れてまた来ようと、私も肝に銘じました。

帰り際、神社の奥にそびえ立つ尾張富士を眺めながら、私は山頂の奥宮で修行している子どもたちの魂に思いを巡らせました。

「一度、あの山にも登ったほうがいいのかな」

尾張富士は標高275mで、40分程度で登ることができるようです。山道の入り口にはカラフルな石が置いてあります。色により願いが異なり、その願いの石を持って山登りをするとのこと。

「山を登るのも修行の一つ。無理に登らなくてもいいけど、登れる時間と体力があるときに一度は登るといいね。感謝して登ると神様は喜ばれるよ」

母はそう言います。

今回は時間的に登ることができませんでしたが、次回は子どもたちと一緒に登ってみたいです。

番外編 生まれ変わりの記憶

胎内記憶と中間生記憶

「胎内記憶」という言葉を聞いたことはありますでしょうか。

胎内記憶とは、赤ちゃんがお母さんのお腹にいるときの記憶のことです。ほとんどの人は、最初は覚えていても、成長するにしたがってその記憶は忘れてしまいます。小学生ぐらいになると脳が発達し、いろいろな情報を吸収していくうちに、本当に胎内記憶なのかどうか区別がつかなくなるようです。

ももの次女が2歳のころ、言葉を覚えはじめたばかりのあの子が、生まれる前のことを鮮明に話しだしたことがありました。

前述のとおり、ももたち夫婦は子どもができにくいと言われながらも、どうしても子どもが欲しく、伊勢神宮内宮の子安神社でコノハナサクヤヒメ様にお願いをしました。そのとき奇跡的に授かったのが次女です。

そんな不思議な経緯があったからか、母はこの子が生まれる前から「この子は普通の子とはちょっと違うよ。霊感もあるかもしれない」と言っていました。

さらに、生まれてから霊能者の先生に顔を見せに行くと、「この子は霊感があるね。2歳を過ぎたころにでも、この子に生まれる前のことを聞いてごらん。きっといろいろ面白い話をしてくれるよ」と言われていました。

ちなみに、このことを聞くタイミングとしては、**夜、就寝前にうつらうつらとしてぼんやりしているときにそれとなく聞いてみることが大切だと言われていました。**

その話を聞いたももは、次女が2歳になるのを楽しみに待ちました。

次女が2歳を過ぎたある夜。ももは次女に生まれる前の記憶を聞いてみることにしました。先生から聞いたタイミングに気をつけ、寝かしつけているときにそーっと尋ねます。

「あなたはどうやって生まれてきたの？　生まれてくる前のことを覚えてる？」

すると、うとうとと半分寝ていたはずの次女は、突然ムクッと起きだして、饒舌に話しだしたのです。

「うん！　覚えてるよ！　とてもきれいな小川があって、雲もあって、雲で遊んでたんだよ。そこにはチョウチョがいるんだよ。白いお城もあって、イザナギとイザナミっていう神様がいて。イザナギは白い服に青いズボンをはいてて、イザナミは白い服に赤いズボンをはいてて。二人ともとっても優しいの。そしてね、たくさんの天使の子がいて、神様の世界の食べ物は腐らないんだよ。リンゴも腐らない。家具は赤くて、お皿も赤くてきれいなの。そこには神様の先生もいて、いろんなことを教えてくれるの。あと、たくさんテレビがあった。その**テレビにはママとパパとお姉ちゃんが映ってて、それを見てママのところに行くって決めたの。この家の子どもになるって自分で選ぶの**」

次女は目をキラキラさせながら、1時間以上も話し続けたというのです。たくさん話して満足したのか、その夜はぐっすりと眠ったそうです。

ももから話を聞いた私は、これは胎内記憶ではなく、母親のお腹に来る前の記憶だと思いました。それは「中間生記憶」というようです。

驚くべきは、この子が神様の世界やイザナギとイザナミについて語ったこと。この子は確かに言葉も早く、2歳になると会話もたくさんできるようにはなっていました。ですが、2歳の子どもがイザナギやイザナミについてそうそう知るわけもありません。

「ももが『イザナギいた？』って誘導したわけじゃないんでしょう？」

「そんなわけないじゃない。私も本当に驚いたんだから。それでね、まだまだ続きがあってね……」

私はももの話に引き込まれ、身を乗りだしていました。

知るはずもないこと

神様の世界で過ごしていたという次女は、テレビに映るももを「このママの子どもになりたい！」と思っていつも見ていたとのこと。そこで見た映像についても語りました。

「ママとパパとお姉ちゃんと三人で神様のところに行っていて、そこにはウシさんがいっぱいいた。そのときにママとお姉ちゃんは、ウシさんをなでなでしてた。パパはお腹が痛くなってトイレに行っちゃって、ママとお姉ちゃんが迷子になってパパを一生懸命探してたよ」

この話を聞いたももは、心底驚いたそうです。なぜなら、そのことに覚えがあったから。

まだ次女が生まれる前、ももと夫、長女の三人で京都を旅行し、北野天満宮《きたのてんまんぐう》にお参りに行ったことがありました。

このとき、本当に夫はお腹を壊してトイレに行き、ももと長女は境内にある牛の像を撫でたりしているうちに、夫とはぐれてしまったのです。お参りのときはスマホを車に置いてくることが多く、そのときもスマホを携帯していませんでした。お互いに探し回って大変だったそうです。

私はその話を聞いたことがなく、もも自身もすっかり忘れていた記憶。もちろん次女に話したこともありませんでしたが、その光景をまるで見ていたように詳しく話したので思い出したそうです。

さらに、こんなことも話したそうです。

「たくさん並んだテレビに映るいろんなママと家族を見て、このママのところに行くって自分で決めたら、イザナギとイザナミに『私はあの家に生まれたい』ってお話しするの」

「あなたはどうしてうちを選んだの？」

「ママはいつも笑っていて楽しそうだったし、いつもみんなで神様のいるところにいっぱい行ってて、いいなぁと思ったの。それに、お姉ちゃんの足が悪いから助けたいなと思って。だからこの家に生まれたいって選んだの」

「神様にはなんてお話ししたの？」

「『**みんなを笑顔にするために生まれてくる。お姉ちゃんを守るために生まれてくる。**お姉ちゃんの病気を治すお医者さんになります』ってお話ししてきたの。それで大丈夫だったから、滑り台に入っていってママのお腹の中に入っていった」

次女の姉への思いを知り、ももは胸がいっぱいになりました。

「お腹の中にいたときのことも覚えてるよ。よくママが『お腹に来てくれてありがとう』って撫でてくれたでしょ？　とても嬉しくなったよ」

そして、「こんなお歌もよく歌ってくれてたでしょ？」と、ももが妊娠中に歌っていた、自作の歌を歌いだしました。その歌は、次女がお腹に来てくれたことが嬉しくて作った歌で、次女がお腹にいるころにしか歌っていませんでした。

次女の驚くべき発言の数々に、私たちはただ目を丸くするばかりでした。

天国からのお友達

ももの次女は3歳になり、幼稚園に入園しました。

ある日、次女は再び不思議なことを言いだします。

「**同じクラスのゆめちゃんとまーくんね、天国で一緒に遊んでた子だったの。**とても仲良くて『下に行っても一緒に遊ぼう！』ってお約束してたから、また会えて嬉しかったー」

偶然にも、ももはゆめちゃんのお母さんと年が近いこともあり、ママ友として仲良くしていました。

実は、ゆめちゃんにはお父さんがいません。ゆめちゃんがお腹にいるときに、お父さんは病気で亡くなってしまったのです。ゆめちゃんのお母さんは一人でゆめちゃんを産み育て、母一人子一人で暮らしていました。

そんな環境を知るももは、次女とゆめちゃんが生まれる前に何を話していたのか聞きたくなりました。その夜、寝つく直前の次女にももは尋ねました。

「ゆめちゃんたちと天国で仲良くしてたって言ってたけど、三人で何をして遊んでたの？」

「うん！　三人はとても仲良くて、よく川で遊んだりしたよ！　そしてね、一緒にテレビに映るママを見て、『私はこのママの子どもになりたい！』と言ったら、ゆめちゃんは別のテレビを指差して『私はこのお母さんのところに行く。でもこのお父さん、もう死んじゃうんだって。だからお父さんには会えないの。お父さんもいないし、きょうだいもいないから、このお母さん寂しいでしょ？　だから**私がこのお母さんのところに行って、悲しい気持ちにならないように楽しくしたいの！**』って言ってたんだよ〜」

ここまで一気に話すと、次女はすーっと眠りにつきました。

確かにゆめちゃんは明るく元気なしっかりした子で、お母さんは悲しむ暇もなく、楽しく二人で暮らしているとのことです。

今のゆめちゃん本人にその意識はないかもしれませんが、すべてをわかってお母さんのところにやって来たんだと思うと、ももは感動で涙が止まりませんでした。

かみさまとのやくそく

次女が小学生になってからも、ももは話を聞きたくて何度か試したそうですが、次女はそのまま眠ってしまったり、「わからない」と言ったり、そういった話はしなくなったそうです。

今のこの子は、「えー？　そんなこと話した？」と、自分が話したことをまったく覚えていない様子。

「生まれる前の話を聞いてごらん」と教えてくれた霊能者の先生に聞いてみると、「やっぱりこの子はいろんなことを話してくれたんだね。本当に不思議だけど、成長すると全部忘れちゃうんだよね。こんな不思議な話は映画化もされているから、機会があったら見てみたらどう？」と、1本の映画を紹介してくれました。

それが『かみさまとのやくそく』です。

神奈川県横浜市で産婦人科のクリニックを開業している池川明先生が、医師をする傍《かたわ》ら、胎内記憶研究の第一人者として全国を講演して回り、胎内記憶を持つ子どもたちにそのときの記憶を聞いたドキュメンタリー映画です。

そのとき映画はちょうど上映中で、どうしても見たくなった私は、子どもたちを連れて遠方の映画館へと足を運びました。作中にはももの次女のような話をする子どもたちが次々と出てきて、とても興味深かったです。世の中には科学的視点では解明できないことがあると改めて実感しました。

同時に、「私の子どもが小さいときに聞いてみたかったなぁ」という後悔を覚えました。

ちなみに、ももは「なぜ録音しなかったのか……」と後悔していました。

そして、**私たち自身も今の両親やその境遇を選んで生まれてきた**んだな、と考えさせられたのでした。


小さいお子さんがいらっしゃれば、寝入る前のうとうとしているときに、ぜひとも生まれる前のことを聞いてみてください。もしかすると、とっても面白い話をしてくれるかもしれませんよ。

地域別オススメ神社

関西、中国地方にも強い力をお持ちの神社がたくさんあります。私は奈良県に好きな神社が多くよく行くので、関西と広い範囲でわずか三社に絞るのはとても難しかったです。そんな中で厳選した特におすすめしたい神社ですので、住まいが遠い方も多いかもしれませんが、みなさまにもぜひ足を運んでみてもらいたいです。

関西編

大神《おおみわ》神社

奈良県

大神神社は日本最古の神社といわれています。眷属神は兎で、撫でると願い事を叶えてくれたり、体の痛い部分を癒やしてくれたりすると言われる「なで兎」があります。参集殿の入り口にいらっしゃり、誰でも撫でられるようになっています。大神神社は下記の石上神宮とも車で約20分の距離なので、一緒に参拝することをおすすめします。

熊野三山

和歌山県、奈良県

↓240P

熊野本宮大社、熊野速玉《はやたま》大社、熊野那智《なち》大社、そして玉置神社を入れた四社で「熊野三山」としました。こちらの四社はどの神社もお力が強くて、まとめるのもおこがましいのですが、あえてまとめさせていただきました。玉置神社は第6章で詳しく説明しております。いずれも行きにくい場所にあり、四社すべて回るのはとても大変ですが、それだけ素晴らしいのです。あなたの中で何かが変わるかもしれません。

石上《いそのかみ》神宮

奈良県

↓179P

母は常々、石上神宮はすべてを祓い清める力のある神社で、毎年参拝させていただく価値のあるすごい神社だと話しています。ご祈祷のときに神職の方が上げる言葉「ふるべゆら……ふるべゆらゆら……」はまさに魂を揺さぶる言葉で、耳にするだけで心が洗われます。遠方でも、年に一度は参拝されて、御神気に満ちた石上神宮のお力を体感してほしいと思います。

中国地方編

出雲国《いずものくに》一の宮・出雲大社

●島根県

言わずと知れた縁結びで有名な神社で、いつもたくさんの人が参拝されています。縁といっても男女の縁だけでなく、私たちが生きる中ですべての尊い縁を結んでくださいます。御祭神は大国主大神《おおくにぬしのおおかみ》様ですが、スサノオ様もとても強く感じます。下記の熊野大社は同じ島根県で、車で約1時間の距離ですので、一緒に参拝していただくといいと思います。

安芸国《あきのくに》一の宮・嚴島《いつくしま》神社

●広島県

フェリーでしか行けない廿日市《はつかいち》市宮島に鎮座されている嚴島神社。御祭神は市杵島姫命《いちきしまひめのみこと》、田心《たごり》姫命《ひめのみこと》、湍津姫命《たぎつひめのみこと》。有名な宗像三姉妹です。そして、忘れてはならないのが同じ宮島に鎮座される大願寺。こちらのご本尊は薬師如来様ですが、本堂には神仏分離令によって嚴島神社から遷された弁財天様がおられます。日本三大弁天様として有名なこちらの弁財天様は、すごいお力をお持ちで、私たちも宮島を訪れた際はご祈祷をしていただきます。宮島を訪れる際は、ぜひこちらの弁財天様にも併せて参拝してくださいね。

出雲国一の宮・熊野大社

●島根県

出雲の一の宮と言えば有名なのは出雲大社ですが、実は熊野大社も一の宮です。御祭神は加夫呂伎熊野大神櫛御気野命《かぶろぎくまののおおかみくしみけぬのみこと》。とても長いお名前ですが、スサノオ様の別名です。このお名前からも、とても格式高い神社だとよくわかります。初めて参拝したとき、近づくにつれて母は「これから参拝する神社はすごいよ……」と瞑想していました。到着すると「今まで通り過ぎていたのがもったいなかったね。それぐらいすごい神社」と絶賛でした。この地から溢れ出るパワーを、ぜひ感じていただきたいです。

第5章

より強い力を求めて

大室山浅間神社《おおむろやませんげん》（静岡県）

恋愛に悩む友人

恋愛成就といえば、私は石川県の白山比咩神社《しらやまひめ》、島根県の出雲大社《いずもたいしゃ》など、縁結びの神様を思います。恋愛とは良き出会いが大切だと考えているからです。特に、私の地元にある白山比咩神社のククリヒメ様には、恋愛に限らず、縁結びの願いがあるときは必ずお願いしてきました。

あるとき、独身の友人に恋愛の相談をされました。

「職場に転勤してきた人がいるんだけど、話をしているうちにその人を好きになっちゃった。彼は40代で、結婚しているかなと思ったけど、独身で彼女もいないって言うから、思い切って食事に誘ったのよ。彼も乗り気で、その後何度か飲みに行ったりして、それくらいの付き合いを続けてたんだけど、この間頑張って告白したの。そしたら、実はバツイチで子どももいて。子どもは奥さんが引き取って育てているけど、毎月の養育費も払っているって。今、お金も大変なんだって」

今の時代、離婚経験があってもそれほど驚くことはないですよね。彼女もそこは問題ないようでした。とはいえ、それも離婚の理由にもよるでしょう。

「彼が出張中に、元奥さんが子どもを連れて実家に帰ってしまったんだって。離婚届を残して。彼は『そんな勝手に……』と思って理由を聞いたらしいけど、とにかく離婚したいの一点張り。そして最終的には裁判になって……。とても大変だったから、今、恋愛には消極的で、結婚という形はもうこりごりらしい」

「じゃあ、断られたの？」

「それがね、私のことは『離婚してから初めていいなって思う人に出会った』って言ってくれたんだけど、年も年だし、やっぱり結婚となると難しいって」

「そう。離婚はいいとしても、養育費を払っててもいいの？」

「それでもいい。彼と付き合いたいし、いずれ結婚もしたいと思ってる。どうしたらいいと思う？」

真剣な彼女に一般的な助言をするのは違う気がする。私は考え込みました。

切ない恋の成就

私に相談するということは、今お参りすべき神社を紹介してあげればいいのではないか。私はそう考えました。そこで、白山比咩神社のククリヒメ様、産土神社《うぶすな》（自分が生まれた土地を守る神様が祀られている神社のこと）、氏神様などと考えたのですが、まずは母に聞いてみることにしました。

「確かにククリヒメ様、産土神社、氏神様でお願いするのもいいけど、私が思うによ？ このように妨げのある恋愛の場合だと……イワナガヒメ様……」

「富士山の浅間神社の御祭神であるコノハナサクヤヒメ様のお姉さんのイワナガヒメ様？」

「そう。イワナガヒメ様って辛く悲しい恋愛をしていらしたんじゃないかなぁ。素敵な方との出会いを求めるなら、ご縁結びの神様がいいと思うけど、今そのお友達の恋愛のお願いを考えたら、イワナガヒメ様の名前が出てきたの。**好きな人がいて振り向いてほしい場合や、どうにもならないような恋愛に悩んでいるときに、イワナガヒメ様のおられる神社に行って、状況を細かくお話ししてお願いすると、とても親身になってくださるように思**

うよ」

後日、母に聞いたことをそのまま友人に伝えると、イワナガヒメ様をお祀りする静岡県の大室山浅間神社へ行き、お願いしたそうです。

すると驚くことに、参拝から帰ってきてすぐに彼のほうから食事に誘われ、「この間の告白はまだ有効？」と言われ、付き合うことになったのです。その後は、まだ結婚はしていませんが、結婚に向けての話し合いを進めているそうです。

友人からは「今度彼と二人で大室山浅間神社に旅行して、お礼してくるね！」と嬉しい報告がありました。

辛い状況でも、できるだけ良き方向に導いていただけるイワナガヒメ様。とても親身になってくださいます。

ただし、新たな良き出会いを求める場合は、白山比咩神社や出雲大社など、ご縁結びの神様に参拝して素敵な出会いを見つけてくださいね。

富士山麓神社七社（山梨県）

神玉巡拝《かみたまじゅんぱい》

「神玉巡拝」とは、神様の力が宿る「神玉」と、それぞれのご縁を繋ぐ「神紐《かみひも》」を集めるため、山梨県の富士山麓神社七社を巡るお参りのことです。七つの玉と紐を集めるなんてとても楽しそうですよね。

その七社とは次の通りです。

・新屋山《あらややま》神社　・北口本宮《きたぐちほんぐう》冨士《ふじ》浅間《せんげん》神社　・新倉《あらくら》富士《ふじ》浅間《せんげん》神社
・小室浅間《おむろせんげん》神社　・冨士山《ふじさん》小御嶽《こみたけ》神社
・冨士御室浅間《ふじおむろせんげん》神社　・山中諏訪《やまなかすわ》神社

私たちは年に一度、新屋山神社、北口本宮冨士浅間神社に参拝していますが、神玉巡拝なるものがあることはずっと知らずにいました。

ある年、ふとしたことから神玉巡拝について知った私は、いつも参拝する二社に加え、新倉富士浅間神社、小室浅間神社、冨士御室浅間神社の三社も巡りました。楽しんで回ろうと思い、それぞれの場所で神玉をいただいてきました。紐もカラフルでかわいいので、帰宅後は神棚の下にぶら下げています。神棚へのお参りの際に、それを握っては「また行けますように」と祈っていたのです。

そんなある日、母が我が家に来て神棚で手を合わせていると、「ねぇ、これなぁに?」と、その神玉をぎゅっと握りました。

「それは新屋山神社に行ったときに見つけて、いただいて来たものよ。神玉巡拝というお参りがあるみたいで、七つの玉を集めるなんて〝ドラゴンボール〟みたいで楽しいと思って、五社まで回って集めてみたのよ。あと二社はまだ行けてないの」

「これね、とてもいいものよ。**五つでもすごいパワーがある。**握るだけで熱い」

母は手のひらの玉をまじまじと見つめます。試しに私も握ってみると、母が握っていたせいだけではない熱さを感じました。そんなパワーがあるなんて驚きます。

「お母さんも欲しいわ〜。今度残りの二社に行くときに、私も連れて行ってよ」と珍しく母のほうから誘うので、母と一緒に残りの神玉集めに山梨県へと向かったのです。

かわいい声の神様

山梨県へは車で向かいました。最初は、山中湖畔に鎮座する山中諏訪神社に立ち寄ります。

山中諏訪神社は「諏訪神社」と名乗っているだけあり、御祭神は諏訪神社の神様の建御《たけみ》名方神《なかたのかみ》様、そしてトヨタマヒメ様です。トヨタマヒメ様は海の神の娘であり、富士山の女神であるコノハナサクヤヒメ様の息子であるヒコホホデミノミコトの妻になります。御祭神のお名前を見て、私は珍しい組み合わせだなと思いました。山中湖は海ではなく湖だけど、トヨタマヒメ様なんだと。

この日、山中諏訪神社には私たち以外に誰もいなく、境内はひっそりと静まり返っていました。

さっそく本殿へと向かい、手を合わせてゆっくりお参りしていると、突然母の手が激しく上下しだしたのです。

何事かと思い「ちょっと⁉　大丈夫？」と声をかけると、母は「と、と、止めて‼」と叫びました。私は急いで母の手を止めようとしたのですが、年老いた母とは思えないほどのすごい力で上下するので、なかなか止めることができず、私まで引っ張られる始末。さらに力を込めると、ようやく母の手は止まりました。

「はぁ、はぁ……いったいどうしたの？」

「驚いた……。神様に感応したら急に手が動き出したの。多分波動が合いすぎたんだと思う。目の前になんともかわいい姫様のような神様が出てこられたから、その神様に向けて祝詞《のりと》を上げたら『ありがとうございます』っておっしゃっていただいたのよ。その声は、聞いたことがないくらいかわいい声でね。コロコロ……リンリン……と鈴の音のよう。あんなにかわいらしい声は初めて聞いたわ。お礼まで言われてなんて謙虚な神様なんだろうと思っていたら、急に手が上下しだして止められなくなったの」

「どんな感じの神様なの？」

「見た目は若くてかわいらしい。長い髪を結んでいらっしゃり、赤い生地に金銀の刺繍がしてある西陣織のような綺麗なお着物を着ていらっしゃる」

母は目を細めて目前の一点を見つめています。おそらく私たちの前に神様がいらっしゃるようです。私は母を通して神様に尋ねてみることにしました。

「失礼ですが、質問させていただいてもよろしいでしょうか？」

母は「『どうぞ』とおっしゃってるよ」と答えました。

「こちらには、諏訪神社の神様である建御名方神《たけみなかたのかみ》様はいらっしゃいますか？」

「今は我がこちらを守っておるが、呼べば来られる」

「トヨタマヒメ様は海の神様だと思っていたのですが」

「そう決めつけずともよい。随分昔になるが、知らぬ間にこちらに祀られておった。みなが大切にしてくれて幸せである」

「そうなのですね。それは良かったです。私たちは七つの神玉を集めるために、初めてこちらに来させていただきましたが、トヨタマヒメ様は神玉についてはどう思われますか？」

「七つの力が合わさり、一つになる。それはそれは大きな力となる。それぞれに力は入っておるが、七つ集まると7倍以上の力になる」

「そうなのですね。それは順番や集める時期が違っていても大丈夫ですか？」

「順番、時期が違ってもよい。好きに集めるがよい」

「ありがとうございました！　またお参りさせていただきます」

前回五つの神玉をいただいてから少し時間が経過していることもあり、私は安心しました。

「『どのようなきっかけであれ、みなさんが参拝に来られるのは嬉しい』だって。本当に謙虚なかわいい神様だね。また来させていただきたいね」

母も幸せそうに微笑んでいました。

富士山の女神様

次に、最後の玉を求めて冨士山小御嶽神社《ふじさんこみたけじんじゃ》へと向かいます。

冨士山小御嶽神社は、富士山吉田口の登山口にあたる富士山五合目にあります。

私は以前参拝したことがあるのですが、有料道路の富士スバルラインを通らなければならないことや、マイカー規制があるので気軽に行くことが難しく、この日は、母がひらいてから初めての参拝でした。季節は登山シーズン真っただ中。登山口の五合目はたくさんの登山客で賑わっていました。

御社殿は力強く美しいたたずまいです。さっそく本殿の前で手を合わせ、祝詞《のりと》もしっかり上げてお参りしました。

小御嶽神社は1000年以上、この地で人々を守っており、御祭神は富士山の女神であるコノハナサクヤヒメ様の姉、イワナガヒメ様です。

本当は、イワナガヒメ様にも母を通していろいろお聞きしたかったのですが、登山シーズンで混雑していたこともあり、ゆっくりお話をすることは叶いませんでした。

残念がる私に、母が神様の様子を教えてくれました。

「こちらは少しお年を召された女神様が出てらして、みんなの話を聞いていらしたよ。イワナガヒメ様だと思う。五合目からコノハナサクヤヒメ様を支えてらっしゃるんだね。どなたかが、コノハナサクヤヒメ様とイワナガヒメ様の仲は良くないって言っていたけど、全然そんなことはない。イワナガヒメ様もコノハナサクヤヒメ様を支えていらっしゃり、仲はとてもいいのよ。龍神さまがいつもおっしゃるように『神の了見狭もうない』よね」

お話ができなくとも、このように神様の存在を少しでも身近に感じられることはありがたいことです。私は母に感謝を伝えました。

富士山のパワーが込められた七つの神玉

私たちは富士山小御嶽《ふじさんこみたけ》神社の社務所にて最後の神玉をいただきました。さらに、七つの玉を集め終わったことを明示した「神社巡拝達成証明書」もいただき、私の神玉集めは完了したのです。

その日はとても暑い日でした。母はいつもなら一社参拝するだけで暑さと感応で疲れ果て、車の中で眠ってしまうのですが、この日ははしゃぐ子どものようにおしゃべりが止まりません。

「そんなに楽しかったの？」

「富士山のパワーってすごい！　日本人で富士山を嫌いな人はいないでしょう。その富士山のパワーをぎゅっとまとめていただける七つの神玉を、こうして集めるのが楽しくないわけないよね。本当にワクワクするよ」

「確かにとても楽しかった。しかもお母さんが言うようにぎゅっとパワーが集まる神玉になるなんて。一つでもすごいのに」

「ちゃんと気が入っているもの。お守りと同じ。それが七つ集まると7倍ではなくそれ以上のパワーになるのよ。長くかかっても七つすべて集めてみてほしいね。それとね、**もし願いがあるなら、その願掛けをして回るといいのよ。一つの玉のパワーが数珠つなぎに大きくなる**」

「時期が違う場合、願いが変わることもあると思うけど、それでも大丈夫？」

「それでも大丈夫。そのことをお話しして神玉をいただいてごらん」

「じゃあ、お土産にするのは？」

「それもいいね！　七社といっても離れている神社だから、簡単な気持ちでは回ることはできないからね。もらった人も、いつかその神玉を持って七社とも参拝するとなお良し。この神玉は1年で返すものではないと思うのよ。でも、やっぱり**そのまま放っておいたらいずれ気もなくなるから、撫でて触って大切にすること。すると富士山の壮大なパワーが熱く強くなってくるよ**」

それだけ富士山のパワーがぎゅっと詰まった神玉なのだと実感し、私は改めて大切にしようと誓いました。

みなさんも神玉巡拝をしてみてはいかがでしょうか。

石上神宮《いそのかみじんぐう》（奈良県）／香椎宮《かしいぐう》（福岡県）

ひふみ祝詞《のりと》

私と母は「ひふみ祝詞」という祝詞を毎日神棚の前で上げています。

ひふみ　よいむなや　こともちろらね
しきる　ゆゐつわぬ　そをたはくめか
うおえ　にさりへて　のますあせゑほれけ（ん）

ひふみ祝詞は仮名47音すべてを使った祝詞です。意味は諸説ありますが、私たちは「鎮魂」と捉えています。
まずは、私たちとひふみ祝詞とのご縁からお話しします。

母がひらいてすぐのとき、母は霊能者の先生から「『ひふみ祝詞《のりと》』という独特の祝詞があるの。この祝詞は言葉に力があるから、あなたはこれを覚えて、毎日上げるといいわよ」と言われました。

それから数年たったある日、私が実家に行った際、どこからともなく歌声が聞こえてきました。「何だろう？」と思い、歌声のする部屋に入ると母がいました。

しばらく母の歌を聞いた後、私が「何を歌っていたの？」と尋ねると、母は「ひふみ祝詞よ」と言います。

私は母からひふみ祝詞について話は聞いていましたが、文字でしか見たことがなかったので、最初はその歌の歌詞がそれだとは気づきませんでした。

「なぜひふみ祝詞に節をつけて歌っているの？」

「先生から『ひふみ祝詞を上げるといい』って言われたじゃない。最初は、紙に書いて毎朝神棚で手を合わすときに上げていたのよ。確かに、声に出してみると言葉に力がある。とてもいい祝詞だと思ってね。毎日上げてたから、ひふみ祝詞自体はすぐに覚えられたわ。そうして普通に上げてるつもりだったけど、いつの間にか曲がついて歌になっていたのよね。何でだろう？　他の祝詞ではこんなふうに歌になることなんてないのにね」

勝手に音楽がついてしまう？　私はただただ不思議でした。

その後、先生に母の話をしてみると、先生は興味を持ったようでした。

「へぇ！　面白いわね。ひふみ祝詞は、石上《いそのかみ》神宮で毎日上げられている祝詞なのよ。石上神宮では、ご祈祷のときに「ふるべゆら……ふるべゆらゆら……」と魂を揺さぶる言葉を上げられるのよ。一度、石上神宮でご祈祷してごらんなさい」


私たちは勧められるまま、さっそく石上神宮に参拝し、ご祈祷をしていただきました。

奈良県天理市に鎮座する石上神宮は、神宮というだけありとても格式がある神社です。

奈良県といえば、私は毎年大神《おおみわ》神社に行きますし、その他の神社も含め、年に複数回通うほど奈良が大好きです。ですから、石上神宮にもこれまで何度も参拝していました。でも、石上神宮でのご祈祷はこのときが初めてでした。


驚くべきことに、ご祈祷が始まると、母は突然ガクッとうつむき、意識を失くしてしまったのです。

実は母がひらいて間もないころ、最初に行った長野県の諏訪《すわ》大社でも、ご祈祷でこのようなことがありました。このとき母は「龍神さまの背中に乗って、諏訪大社の上空を飛んで案内していただいた」と不思議なことを言っていました。

そのため、私は「また他の世界に行ったのかな？」などと思って見守っていました。

ご祈祷が終わるまで意識が戻らなかった母。心配しつつもしばらく待つと、母はゆっくりと頭を起こしました。

「どうしたの？　大丈夫？」

「いや、ちょっとね……」

詳しいことは教えてくれず、そのとき母が何を感じとったのかはわかりません。ただ、ひふみ祝詞《のりと》についてのみ、静かな口調で語ってくれました。

「ひふみ祝詞の意味は私もわからないけれど、癒やしや鎮魂の力がある。特に病がある人は、毎日心を込めて上げるととてもいいと思う。細胞が喜び活性化する」

ひふみ祝詞の言葉が何を表すのかは、結局のところ私にもまだわかりません。ただ、そこには素晴らしい力が秘められていることは明らかです。

不思議なマークに導かれて

あるとき、私と母は福岡県福岡市東区香椎に鎮座する香椎宮《かしいぐう》に行きました。香椎宮は、ヤマトタケルの子である仲哀《ちゅうあい》天皇と、強く美しい神功《じんぐう》皇后の夫婦の神様が御祭神で、境内にはいくつかの神社が立ち並びます。九州はなかなか来られないので、事前にいろいろ調べて、絶対に行きたいと決めていた神社の一つでした。

空港でレンタカーを借りて香椎宮に向かうと、とても広い駐車場があり、たくさんの参拝客が訪れる地だということがわかります。

母は車を降りるなり「あらー、想像以上だわぁ。すごい……」とつぶやいて、何かに導かれるようにフラフラと歩き出しました。私は慌てて母の後ろについて行き、母と一緒に鳥居の前で一礼すると、母は大きく深呼吸しました。

「ここはすごいよ……」

再びつぶやくと、足早に本殿へと向かいました。

神様に早くお会いしたいのか、母はときどき急くように行動することがあります。私は普段、のんびりと境内を見まわしたり、写真を撮ったりしているので、母がこうなると置いていかれてしまいます。

急いで母を追いかけると、少し先をサッサッと歩いていた母が、突然クルリと振り返り、こちらに戻ってくるのです。

「どうしたの?」

「こちらの弁財天様から『参っていけ』と呼び止められたのよ。お参りしていこう」

私は来た道を戻る母について行きました。

母が向かった先は、境内の南側にあるしょうぶ池でした。そこには小さなお社があり、中には優しいお顔をした弁財天様がいらっしゃいました。

私はまずごあいさつをし、弁財天様の御真言「オンソラソバテイエイソワカ」と唱えてお参りしていると、母が話しかけてきました。

「弁財天様がこんなマークを見せるの」

母は身振り手振りでそのマークの形を説明します。

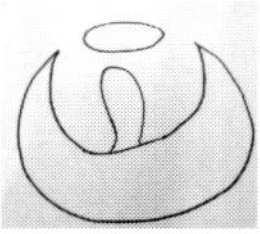

「このマークはなんなの？」
「わからない……。でも、弁財天様がこのマークを私に見せて『先へ行けばわかる。必ず行かれよ……』と優しい笑顔でおっしゃるのよ」
不思議に思いながら、私と母は池の先に向かいます。

その先の階段を上り、楼門《ろうもん》をくぐるとすぐ本殿です。階段を上りきると、先を歩いていた母が案内板を見て立ち止まっていました。

「これ、弁財天様が見せてくれたマークよ！」

その案内板を見ると、確かに母の説明通りのマークでした。

「びっくり！　本当だね！　真ん中の棒みたいなのは鳥だったんだ。そして逆さまの三日月みたいなのは鳥が羽を広げてたんだね。ここは末社みたいね。どこにあるんだろう」

どこか気もそぞろの母が「まずはお参りしよう。聞いてみるね」と言うので、私たちは本殿に向かい、参拝することにしました。

この日は幸い誰もおらず、母は集中してゆっくり神様とお話しできたようでした。お参りが終わると、母はこの日の行動について説明してくれました。

「あのね……ここの階段の下にある末社では、**長年の願いや思い――ずっと願っているけど、なかなか整わなかったり、達成していないことを最後に固めてくださるんだって。**私もずっと願っていることがあるでしょう？　だから、弁財天様が『こちらに参れ』って言われたんだと思う。さっきは気持ちが急いて、早く本殿へ……と思っていたから、弁財天様がお声がけしてくださったのね。気づかなかったわ」

詳細は書けませんが、実は、母には長年祈願していることがあります。その願いは母にとっては悲願でもあり、叶えばもう何も心配事はなくなり、神様のことに集中できるようになると常々考えているようでした。ですが、母にとっては自分のことなのでなかなか判断が難しく、龍神さまに聞いても「まだ時期ではない……」と言われ続けていました。

しかし、最近になってなぜか「その悲願が整うような気がする……」と感じていたようで、そのタイミングでこの香椎宮の神様から、「その願い、ここで固めて参れ」と言われたというのです。

私たちは神様の言葉に従い、今上ってきた階段を再び下りて、その末社に向かいました。

その神社は大きな御神木の隣にありました。

「あら!? さっき通ってきたのにまったく気づかなかったね」

導かれた神社は鶏石《けいせき》神社でした。御祭神は不明だそうです。隣には稲荷神社があります。母はさっそくお参りを始めました。

ちなみに、私たちは普段、末社や摂社に対しては、手を合わせて礼をしてごあいさつで済ますことが多く、一つの神社のすべての神様にお参りさせていただくわけではありません。ただ、このときの弁財天様のように、呼び止められてお参りすることが何度かありました。よく考えると、今までは特にお稲荷様に呼び止められることが多かったように感じます。今回、隣に稲荷神社があったことが何か関係しているのでしょうか。

話を戻すと、お参りを終えた母が、今起こったことを語りました。

「今、目の前に大きな大きな黒い鶏が現れてね。願いを話したら、何も言わずバサッバサッと飛んで行ってしまったの。だからきっと御祭神はその大きな黒い鶏なのかな？　そして不思議なんだけど、石上《いそのかみ》神宮ってあるでしょう？　なぜかそこを感じたんだよね。だから今度は石上神宮に行くと何かがわかるのかも」

鶏といえば、奈良県に鎮座する石上神宮の境内には鶏がいます。石上神宮といえば「ひふみ祝詞《のりと》」の神社。これは意味があるのかどうか。

今度は奈良県の石上神宮で神様のお話を聞きたいと思った母と私でした。

最後の締めを司る神社

香椎宮《かしいぐう》について、母は「こちらに来させていただく前からすごい神社だとは思っていたけど、実際にお参りしてみたら思った以上だったよ」と言います。

「御祭神の仲哀《ちゅうあい》天皇と神功《じんぐう》皇后は、他にもいろいろな神社にお祀りされてるけど、どちらの神社からでも、お呼びすると光の速さでやって来てくれる。そしてこちらは特に、神功皇后をとても強く感じる。でも、本殿では前に出てらしたのは夫である仲哀天皇、少し下がって神功皇后がいらっしゃった。強い女性のイメージだけど一歩下がっていらっしゃったよ」

また、香椎宮には仲哀天皇と神功皇后だけでなく、他にもたくさんの神様がいらっしゃるそうです。

「天皇を慕ってたくさんの神様が集まってきて、守り力になっている。お参りしてみてわかったんだけど、**お参りに来られた人を楽しく明るくしてくださる神社だよ。**末社も素晴らしいし、お参りした鶏石神社は、説明にもある通り、修理固成《しゅりこせい》で最後の締めをしっかり固めてくださる。なぜかはわからないけど、そういう役割をなされている。だからどうしても叶えたい願いや、なかなか整わない想いなどは、まず本殿で願ってからこちらもお参りしてほしい」

そのときは、鶏石神社に隣接する稲荷神社にもお参りするよう母は言います。

「稲荷の神様もしっかりお手伝いされてるから、ごあいさつを忘れずにね。とても喜ばれるよ。それに、隣にある御神木は、神功皇后お手植えと伝わる御神木で、神様が入っておられてすごい御神気を放っているよ」

香椎宮参拝の最後は、再び弁財天様にごあいさつをしました。

「さまざまなことを教えてくださり、ありがとうございます」

「最後の締めくくりとして、鶏石神社に行かれるといいのに、行かれぬ方が多い」

母がお礼を言うと、弁財天様はこう話されたそうです。

私には神様の声が聞こえませんが、神様は私たちにさまざまなことを教え、導いてくださる存在なのですね。

鶏様の声は「はじまり」

香椎宮へ参拝してから約半年後、私たちは奈良県へ参拝旅行に行きました。そのとき、石上《いそのかみ》神宮へも行ったのですが、私も母も、香椎宮の末社・鶏石神社で母が石上神宮を感じたことをすっかり忘れていました。

石上神宮の境内で放し飼いにされている鶏を見て、「あら、鶏！　かわいい」と言いながら写真を撮っていると、一羽の鶏が「コケコッコー！」と、急に大きな声で鳴いたのです。その鳴き声を聞いた私は何かを忘れているような気がしました。

考えてもなかなか思い出せず、母に助けを求めます。

「石上神宮の神様に何かお聞きすることとなかった？」

「そうなのよ。私も今、鶏の鳴き声を聞いて『あれ？』と思っていたのよ……」

「あっ！」「あっ！」

「鶏石神社！」「鶏石神社！」

見事に同時に思い出したのがおかしく、思わず二人で大笑いしてしまいました。

私たちは教えてくれた鶏様にお礼を言い、本殿に急ぎました。そこで私は、いつものように母を通して、神様に鶏石神社のお使いの鶏様について尋ねました。

「鶏石神社にて、母が石上神宮を感じたのですが、鶏石神社と石上神宮は関係があるのですか？　母は、御祭神は大きな黒い鶏ではないかと話していましたが？」

「そうである。縁あってこちらの眷属《けんぞく》の鶏が行っておる。ゆえにつながっておる。遠いがのぅ。何かあれば飛んでくる」


ここで、神様の言葉を代弁していた母が突然我に返りました。

「思い出したわ。大きな黒い鶏が飛んで行ったんだよね。今もそう。早朝、夜が明けてお天道様が出てきたら、『コケコッコー』と鳴いて知らせている鶏様の姿を見せてくれてるんだけどね。鶏は一日の始まりを知らせてくれる。今日も一日が始まるから頑張ろうって知らせてくれている。だから、**神様の御使いの眷属神として仕えている鶏様がいらっしゃる神社は、新たに何かを始めるときにお願いすると、いい形で新たなスタートを切らせて**

くれるし、物事がなかなか進まないときは、一度固め直してから新たに進めてくれるようなお力があるのだわ。香椎宮の鶏石神社は昔からそのように言い伝えられてきたから、そのお力に特化されていて、その力はとても強い。でももちろん、ここ石上神宮もたくさんの眷属神の鶏様がいらっしゃるし、とてもすごいお力の神様だから、新しい物事を始めたり、何か行き詰まったりしたときに参拝すると、それらを進めてくださる。魂をゆらゆら揺らしてくださり、整えてから前に進ませてくださる。三重県の伊勢神宮や愛知県の熱田神宮にも境内に鶏様がいらっしゃるね。この鶏様の『コケコッコー』って鳴き声を聞くだけでも素晴らしいし、元気になるよ」

今まで何気なく聞いていた鶏の鳴き声も、こんなふうに祀られている鶏様の話を知るだけで、元気の源になったりします。物事の捉え方次第で、私たちは幸せが満ち溢れた日々を送ることができるのです。

住吉大社《すみよしたいしゃ》（大阪府）

広い海のような神社

摂津国一《せっつのくにいち》の宮《みや》・住吉大社は、大阪市住吉区に鎮座する神社で、地元の方からは「すみよっさん」と呼ばれ、親しまれています。

全国に２３００余社ある住吉神社の総本社として、初詣には約２００万人が訪れ、地元の方だけではなく、日本全国からたくさんの方が参拝されるとても有名な神社です。

住吉大社には次の四つのお社があり、それぞれに一柱ずつ神様が祀られています。

第一本宮　底筒男命《そこつつのをのみこと》
第二本宮　中筒男命《なかつつのをのみこと》
第三本宮　表筒男命《うわつつのをのみこと》

第四本宮　息長足姫命《おきながたらしひめのみこと》

こちらの四柱の神様はみな海の神様です。ちなみに、息長足姫命は神功皇后《じんぐう》の別名です。

あるとき、母に入られた龍神さまから「縁のある宮に導く、息長足姫命を祀る住吉大社に行ってみよ」と言われたことをきっかけに、私は母と一緒に参拝することになりました。

まずは第一本宮の前に立つと、母はさっそくその力を感じ取ったようでした。

「こちらはすごいよ……。桁が違う……。お社からとても高い神様を感じる。海もないのに広い海を感じる。そして計り知れない広がりを感じる」

母は目を細めてつぶやくと、ゆっくり手を合わせました。

私も母の隣で一緒に手を合わせ、いつも通り心の中で自分の住所や名前などを伝えて、祝詞《のりと》を奏上し、参拝させていただいたことへの感謝を述べました。

私のお参りが終わって母のほうに目をやると、母はまだ手を合わせていました。しかし、しばらく待っても母のお参りはなかなか終わりません。

私はいつも、かなりお参りが長くなるのですが、母はそれに輪をかけて長いです。そんなときは神様とお話をしていることが多く、今日もそうだと思った私は、先に第二本宮に向かおうと考えました。

するすると、突然母から「待たれよ……」と声をかけられました。

少し驚きましたが、こんなこともよくあります。母は私に何か伝えたいことがあるのだと思い、もうしばらく母を待つことにしました。

母が引き留めた理由

お参りが終わった母は「こちらの神様から参拝についてお話しされたのよ」と言います。「初めての神社だからお願い事はしないほうがいいかなと思っていたら、第一本宮のとても高貴な神様が現れて、『願いがあるのなら言うてみよ』とおっしゃったのよ」

それを聞いた母が「初めてのお参りなのですが、お願いをしてもいいのですか？」と改めて尋ねると、「かまわぬ。言うてみよ」とおっしゃるので、「では、お話しさせていただきます……」と、長く悩んでいたあることを話してみたそうです。

すると神様は、「第二本宮、第三本宮、第四本宮、最後に楠珺社《なんくんしゃ》。すべてでその同じ願いをして参れ」とおっしゃったそうです。

「実はこちらに来てからずっと、猫を感じてたんだけど、楠珺社には神様のお使いとして猫様がいらっしゃるんだわ。最後にみんなの願いが抜け落ちぬよう、楠珺社へも参れって。だからかえでが先に行かないように止めたのよ。一つ願いを決めて、第一本宮から順に、最後の楠珺社まで参拝してほしかったのよ」

それで私を引き留めたのか。私は納得し、母と一緒に第二本宮へと向かいました。

第二本宮、第三本宮と、私たちは第一本宮で願ったことと同じ願い事をしました。進むにつれて、母には広がる海をますます強く感じていたようです。

「周囲に海はないのに、海の神様の総本宮って面白いね」

「『こちらを守るために降り立ち民を守っておる』と言われたけど、ずっとここで守られていて、どんどんお力を増されてる。そして、お力を増されるたびにどんどん形を変えられる。こちらで三度祈れば、その祈りはすべて海を通じてつながる。ここには海はないけれど、ここからつながっている。だから眷属《けんぞく》として龍神さまもおられる。とてもすごいお力で、大阪とともに発展されている」

次は神功皇后様がおられる第四本宮に手を合わせます。

「確かに神功皇后のお力をとても強く感じる。人を包み込んでくださる。温かく包み込む。

厳しいけれど、とても優しい神様なんだね。女の神様と男の神様が出てこられたよ」

「その男の神様は旦那さんかな？」

「息子さんね。その息子さんのお社も別にあるんだけど、今はご一緒に出て来てくださったよ。すべての八幡神社へとつながっていく」

神功皇后とその息子さんである応神《おうじん》天皇は、全国の八幡神社の御祭神です。

「そうか……全国で最も多いと言われてる八幡神社（八幡宮）の御祭神だから、全国の神様ともつながっているっていうことか。みんなのさまざまな願いは、そうやって近くの神様ともつながるということなんだね。奥が深いね」

「**自宅、会社、学校……私たちはさまざまな神様に守られて暮らしているのよ。**八幡の神様はどこかしらにいらっしゃって、私たちに関係のある氏神様として守ってくれていることが多いから、どこかしらでつながり、助けてくださる。ここは大阪だけど、全国の八幡様とつながっている。住吉三神の神様は海の神様。海はすべてつながっているから、強く大きな力で祓い清め、そして導き、助けてくださる」

とてつもなく大きな力が集まっている神社だと、私は改めて感じました。

♣身近にいる強い力の神様

第四本宮までの参拝を終えると、最後は楠珺社《なんくんしゃ》への参拝です。母ははじめから楠珺社に何かを感じていたようでした。

「今から行かせていただく楠珺社は、さっきから眷属神《けんぞくしん》の猫様が来ている。こちらは住吉大社とはまた違う。そうねぇ、密着している神様。すり抜けてしまった祈りや願いをこちらの神様が拾って叶えてくださると感じる」

住吉大社の末社である楠珺社の御祭神は、稲荷の御祭神と言われる宇迦魂命《うがのみたまのみこと》です。

楠珺社は「初辰《はったつ》まいり」の中心的な神社で、「はったつさん」と親しまれ、古くより商いを営む方から篤い信仰を受けています。樹齢1000年を超えるクスノキがあり、人々は大樹の神秘的な霊力に祈りを捧げてきました。やがて、根元に設けられた祠に神様をお祀りするようになり、神木から神社へと発展したといわれています。

暦の上で、毎月の「初辰（月初めの辰の日）」に参拝すると「発達」（はったつ＝初辰の語呂合わせ）するとゲンをかついで信仰され、参拝の証として招福猫《しょうふくねこ》（招き猫）を神社から授かり、これを48カ月間（4年間）続けると「始終発達」（しじゅうはったつ＝四十八辰の語呂合わせ）となり、福が授かり、満願成就になるものと伝えられ、日本全国からの崇敬を集めています（HPより）。

この説明を見た母は「商売の神様がおられるんだね。そうか……」と納得した様子で、楠珺社に向かい手を合わせます。

「小さいお社と思うなかれ、すごい神様だよ」

「どんな神様？」

「古い神様でお年を召してらっしゃるけど、とっても毅然としていらっしゃる。『今までたくさんの者の話を聞き、願い叶え、救ってきた』とおっしゃった。歴史あるとても身近な神様でね、本当に小さな悩み事も聞いてきた。こちらの御祭神の神様をサポートされている神様も多くいて、その中に眷属神の猫様もいるんだね。ほら、今、下のほうをウロウロしているよ。あまりにたくさんの人の悩みを聞いてらっしゃるから、助けてもらったと感じる人も多くて、こちらを懇意にされている人はとても多い。格式で言うと本宮の神様はとても高くすごい神様なんだけど、楠珺社の神様はとても身近なのにすごい神様なんだね。とても侮れない。だから住吉大社の神様が『最後は楠珺社へも参られよ』とおっしゃったんだね」

母は「住吉大社は本当にすごい神社だよ」と何度も繰り返します。

「祈願したいことを一つ決めて行くのがいいわね。高貴な海の神様から八幡の神様、そして身近な何でも聞いてくださる神様と、さまざまな神様がいらっしゃるから、どんな願いでも大丈夫。商売、人間関係、家庭円満、受験……ジャンルを問わずお願いするといい」

どんな人でも、人生はさまざまな悩みとともにあります。住吉大社は広く私たちの悩みを聞き入れ、導いてくれるでしょう。ぜひ足を運んでみてくださいね。

ハッピー．三姉妹イチオシ！

地域別オススメ神社

最後は四国編、九州編です。特に九州編は母の意見を重視して決めてみました。母もかなり迷ったうえで、私たちと相談して決めた神社です。どこも行く価値がある神社なのは間違いないので、お近くの方はもちろん、遠方の方にもぜひ足を運んでもらい、その地に溢れる神様のお力を感じてもらいたいです。

四国編

金刀比羅宮《ことひらぐう》

●香川県

金刀比羅宮は全国の金刀比羅神社の総本宮です。「一生に一度はこんぴら参り」と昔から言われていますが、本宮へは門前町から785段、そして厳魂《いづたま》神社（奥社）が鎮座される山中には1368段の石段を登らないと行けず、簡単には参拝できません。その石段を登りたどり着いたときの感動は計り知れないものになるはずです。素晴らしい神様にお会いするのは簡単ではないですね。一生に一度はこんぴら参り、してみてくださいね。

伊予国《いよのくに》一の宮・大山祇《おおやまづみ》神社

●愛媛県

瀬戸内海の大小の島々に囲まれた瀬戸内海国立公園の中心で最大の島、大三島《おおみしま》に鎮座される神社です。全国の大山祇神社の総本宮と言われており、穏やかな中に威厳を感じる神社で、母も大山祇神社に参拝すると「ドンとしたすごいお力を持った大山《おおやま》積神《づみのかみ》様を感じる。そしてこの地からもお力を感じる」と話していました。大三島に向かうしまなみ海道は、車で走っているだけでとても清々しい気持ちになります。

讃岐国《さぬきのくに》一の宮・田村神社

●香川県

四国には各県に一社ずつ一の宮があり、どの神社も素晴らしいです。そんな四国一の宮の一社、田村神社には大きな龍神さまがおられます。その龍神さまには小判を奉納して願掛けすることができ、母はそれがとてもいいと話していました。境内には七福神様をはじめ、たくさんの神様がおられるので、さまざまな願いを聞いてくださる神社です。

九州編

天岩戸《あまのいわと》神社・天安河原《あまのやすがわら》宮

● 宮崎県

三姉妹、母、ともに満場一致のオススメ神社です。天岩戸神社ももちろんいいのですが、そこから少し歩いた場所に鎮座されている天安河原宮。その神々しさといったら言葉が見つかりません。徒歩でしか行けず、道中は階段もあり、滑りやすいところ、歩きにくいところもあるので参拝は大変ですが、一度は足を運んで、その素晴らしさを体感してみてほしいです。下記の高千穂神社とは車で15分程度の距離なので、一緒にお参りしてみてはいかがでしょうか。

高千穂《たかちほ》神社

● 宮崎県

↓116P

高千穂神社は、母の大好きな神社の一つです。ある年、九州に行くことになった際に、スケジュールが詰まっている中、母はどうしても高千穂神社に参拝したいと熱望しました。そこでなんとか時間を調整して高千穂神社へ参拝すると、母は「高千穂神社は本当に静かで厳か。しっかり腰を据えて神様が向き合ってくださるから、ゆっくりとお話しできる。やっぱり好きだわ~」と心から喜んでいました。こぢんまりとした神社ですが、強い力で包み込んでくれるような不思議な神社です。

宇佐《うさ》神宮

● 大分県

福岡県の小倉駅から約1時間の場所にある宇佐神宮は、全国に4万余社ある八幡様の総本山です。母は「あの広い境内にお力が溢れてた。初めて参拝して、こんなすごい神社だったんだと改めて感じた」と話していて、九州に数ある神社の中でもおすすめしたい神社の一つです。参道がとても長く、本殿まではかなり歩きますが、母によると「罪穢れを祓ってくださる素晴らしい参道」とのこと。ぜひ、御神気の満ちた清々しい参道を歩いて、日ごろの疲れや穢れを落としてもらってください。

第6章

秘められた地に根づく力

榛名《はるな》神社（群馬県）

母の変貌

妙義《みょうぎ》神社、中之嶽《なかのたけ》神社、そして榛名神社の三社参りをするつもりで群馬県に来ていた母と私。妙義神社、中之嶽神社の参拝を終え、次は群馬県高崎市にある榛名神社へ向かいます。榛名神社は、伊香保温泉からも車で30分程の場所にある榛名山の中腹、巌山に鎮座されている神社です。

カーナビによると、榛名神社は中之嶽神社から車で約1時間かかるとのこと。山中、険しい道を進んでいくと、大きな鳥居が見えてきました。

石川県から車で来ていた私たちですが、下調べをよくしていなかったために目算が甘く、三社を回るのに思いのほか時間がかかってしまいました。また、ずっと山道なのでゆっくりと走ったり、途中で停まって山の写真を撮ったりしていたので、三社目の榛名神社に到着したときには午後4時になっていました。

母もとても疲れていたようで、車中では眠っていて、到着してからも無口になっていました。

「そうだよね、母も若くないんだから……。これからは、初めての場所に行くときは、必ず事前にきちんと調べて無理のない予定を組もう」

私は心の中で反省しつつ、母とともに榛名神社の鳥居をくぐります。


中に入り、境内図を見ると、境内はとても広いようです。

「しまった！　本殿まで遠いかも」

私はちゃんと調べてこなかったことを再び後悔していました。境内図を見てもどのぐらいで本殿に着くのかわかりませんし、母も私もすでにクタクタですし、この時期は午後5時に閉門のようで、参拝を終えた人が続々と戻ってきています。よく見てみると、最も近いと思われる駐車場もすでにガラガラです。

焦った私は、参拝にどれくらいの時間がかかるか調べるために、スマホを取り出そうとしましたが、母は「いろいろ考えるより先に向かおうよ」と言うと、入り口の随神門でお辞儀し、さっさと歩いて先を行ってしまったのでした。

さっきまで疲労困憊の様子だったのに、最後の力を振り絞るように突然元気になった母。私は一瞬戸惑いながら、母の後を追いました。

早足で参道を歩きながら周囲を見渡すと、見どころが満載な場所だとわかります。山に囲まれ、川が流れ、ところどころに七福神様がいらっしゃったり、不思議な形の岩や気になる扉があったり。この時間ではすでに閉店していましたが、参道には休憩所もありました。

道がきちんと整備されていて、歩きやすく、清々しく、素晴らしい参道です。秋が深くなると紅葉も綺麗だろうなと想像しながら、私は母の後ろを歩きます。

「時間があれば、ゆっくり散策したかったね〜」

「そうだね。でもね、こちらには厳しい修行をされた神様がたくさんいらっしゃる。だから私は身が引き締まる思いよ……」

何気なく母に声をかけたつもりが、母は厳しい顔つきでした。

修行の地

厳しい表情で黙々と歩く母の雰囲気を察して、黙って歩いていると、左手に階段が見えてきました。

階段の上には、シートがかかった双龍門がありましたが、このときは保存修理工事中でした。後から知りましたが、このとき

階段を前にして母は立ち止まり、左のほうをジーッと見ています。左手には「瓶子《みすず》の滝」と呼ばれる滝があります。スーッと細く白く伸びる滝の糸が素敵です。

「こちらには龍神さまがいそうだなぁ。龍神さまだったら何色かなぁ」

そう考えていると、母は私の心を読んでいたかのように口を開きました。

「こちらに龍神さまがいらっしゃるよ。わかる？」

「うんうん！　龍神さまがいそうだなぁと思って見ていたよ！　やっぱりいらっしゃるんだね」

「薄いグレーの龍神さまが、この滝を昇ったり降りたりしている。今は下のほうにいらっしゃるね。でも、たまたま今こちらにおられるけど、ずっとここにいらっしゃるわけではなく、呼ばれるとすぐ飛んで行かれる。山を見回ったり神様のお使いをしたり、忙しくされてるよ」

龍神さまがいらっしゃる滝を背にして階段を上ります。断崖にそびえる迫力のある岩を見つめながら、疲労困憊な私は手すりを頼りにようやく社務所のところまで上りました。ここではお札《ふだ》をいただきたかったのですが、社務所は午後４時までのようで、残念ながら

閉まっていました。

随神門から歩いて20分ほどかかったでしょうか。ようやく御姿岩《みすがたいわ》と本殿に到着しました。

二礼二拍手一礼の後、私はいつものように名前、住所、年齢と干支《えと》を名乗った後、初めてお参りに来させていただいたごあいさつをしました。そして、ギリギリの時間のお参りになったことをお詫びし、祝詞《のりと》を上げて丁寧にお参りをしました。

私がお参りを終えても、母はまだゆっくりお参りしている様子。私は母を待つ間、付近を散策することにしました。

本殿は歴史を感じさせる建物で、柱には赤い龍神さまが巻き付いています。横に回ってみると、本殿は後ろの御姿岩に組み込まれる造りで建っており、岩の中の洞窟部分に御神体がお祀りされているようです。

御姿岩の上には、何か白いものが見えました。遠くにあり見えづらいためスマホのカメラで拡大して見てみると、それは大麻《おおぬさ》でした。

「誰があの場所につけたんだろう」

いろいろと想いを馳せながら見ていると、お参りが終わった母が私のところにやってきました。

「いいお参りできた？」

「うん。こちらの神様は、とても大変な修行をなさった神様なんだと思う。静かで厳しく、とても強いお力を持った神様。そして、その神様を慕い、たくさんの修行を積んだ神様が大勢来られている。私もいろいろお話しさせてもらってとても勉強になったよ。『また日を改めて来られよ』と言っていただいたから、今度はゆっくりとお参りさせていただこう」

そう言うと、母は本殿に頭を下げて再び黙々と歩きだしました。

その後も母は、帰りの参道でずっと黙ったままです。疲れたのかなと思い、私も特に話しかけず後をついて行きました。すると、下を向いて黙々と歩いている母の足が突然止まったのです。

母は崖の窪みの一点をじーっと見つめています。

「行くときはいなかったのかな？　それとも気づかなかったのか。あそこの窪みに、修行をされてるような方々が何人も座っているのよ。静かに座って休まれている」

パンフレットを見ると付近には「鞍掛岩《くらかけいわ》」があるようです。

「川の向こう崖の中腹にある鞍掛岩のこと？」

「鞍掛岩がどこかわからないけど、あそこの窪みにいらっしゃるよ」

母の言う方向は川向かいの窪みです。

「それは神様？」

「神様ではないね。人だよ。亡くなった人だと思う。何人もいる。厳しい厳しい修行をしていて、その途中なんだと思う。辛く厳しい修行に疲れ果てて、みんな下を向いて黙って座っている。修行僧のような格好でいる」

「え⁉　亡くなった人⁉　怖いやつ？　こちらを見てる？」

第1章で書いたとおり、母は恐ろしい目に何度か遭っていましたので、私は思わず身構えました。

「怖いことはない。亡くなった人がこちらで修行してるだけ。誰もこちらを見てないし、おのおの修行されている」

母は少し手を合わせてから、不動明王《ふどうみょうおう》様の御真言を唱えます。

のーまくさんまんだー
ばーざらだんせんだー
まーかろしゃーだーそわたや
うんたらたーかんまん

私もそれ以上は何も聞けず、御真言を唱え終わった母はそのまま再び歩きだしました。

境内で転んだ意味

歩き続ける母はとても話しかけられる雰囲気ではなく、私は母の後を無言でついて行きました。

ようやく随神門に到着し、なんとか閉門にも間に合ったと思った矢先、前を歩いていた母が突然バターンと転んだのです。驚いて駆け寄り「大丈夫!?」と声をかけますが、母はピクリとも動きません。

「え!?　どうしたの？」

私は心臓が破裂しそうなほどバクバクしてきて、まわりに助けを求めようとしましたが、閉門間近の門のあたりには誰の姿もありません。

救急車を呼ばなきゃ！とスマホを操作していると、母は何事もなかったようにムクリと起き上がり、「修行よのう……」と一言つぶやき、ニヤリと不敵な笑みを浮かべました。そして、ペコリとお辞儀をして再び歩き出しました。

私は心配でたまりません。

「本当に大丈夫？　すごい転び方だったよ？　頭打たなかった？」

「大丈夫、ケガなどしておらぬと神様にも言われたけど、あれだけ派手に転んだのにまったく何ともない」

「本当に？　それならいいんだけど……。それにしても、神社で転ぶって、何か意味あるの？」

「転んだ意味は私がちゃんとわかってる。お知らせしてくれたのよ。だって、段差も何もない場所で、もうすぐ門を出るってところであんなふうに転んだのに、ケガ一つしていない。それに、まわりに誰もいなかったから恥もかかずに済んだ。私に気づきをくださったのよ」

母は平然と最後の鳥居でお辞儀をし、手を合わせていました。

高齢の母があんなに派手に転んだら、骨を折ってもおかしくありません。しかし母は無傷だったのです。

母は神様から何かの気づきをいただいたようで、それまでの険しい表情が一転、清々しい顔へと変わっていました。

修行者たちの目的

帰りの車中、母は助手席に座り、ぼんやりと外を眺めています。

「疲れたでしょ？　眠ってていいよ」

「大丈夫よ。疲れてはいるけど、なんだか目が冴えて眠れないのよ」

それなら……私は思い切って、ここに来てから気になっていたことを質問してみました。

「ちょっといい？　榛名《はるな》神社ではいろいろ気になることがあって……。さっき転んだのは、神様からの気づきと言ったけど、あの岩の窪みにいらした修行されている方々と何か関係あるの？」

「あの修行者の方々は関係ないねぇ。これは私の自分自身への気づき。ちょっと私への不足を教えていただいた感じかな？　そして今回の旅は大袈裟だけど、私にとっても修行だったなぁ。それも教えていただいた。いろいろ気づきの多いお参りだったよ」

「じゃあ、あの修行者の方々は何の修行をしていたの？　人は死んだら修行すると聞くけど、その修行なの？　どうして不動明王様の御真言をあげたの？」

「不動明王様の御真言は、知らないうちに口から出てきたのよね」

母はそうつぶやくと、瞼を閉じて黙ってしまいました。眠ってしまったんだと思い、私は黙って運転していました。

それからどれくらいたったでしょう。30分か1時間か。母が口を開きました。

「あの者たちは、神の手伝いをするため、神になろうと修行している者たち。生きている間も修行だが、死んだ後の修行も辛いぞ。それはそれは厳しい修行。あの者たちは厳しい修行をしている。だが、全員が神になれるわけではない。１０００年もの間、修行している者もおる。厳しい修行よのぅ」

母の目は閉じたままですが、指は動いていました。何より、この話し方は母ではなく龍神さまのそれです。

私は運転しながらですが、突然の龍神さまの登場に姿勢を正し、質問を続けてみました。

「神様のお手伝いをし、神様になる修行とおっしゃいましたが、誰にでもなれるわけはありませんよね？　そして、１０００年修行している者もいるとおっしゃいましたが、そんなに長い間修行しなければならないのですか？」

「神になるのはとても難しいこと。選ばれし者である。簡単なことではない。何度も人として生まれ変わり、人としての修行が終わった者が、神の手伝いを強く望むとき、神からの引き上げがあると修行ができる。しかし、それはとても難しいことじゃ。戦の多い時代にたくさんの者を殺《あや》めてしまった者は、その修行も辛く長いものとなる。1000年も修行しておるとはそういうことじゃ」

そう言うと、突然母の目がパッと開きました。

龍神さまの話を聞いた私は、霊能者の先生が以前「次は生まれ変わらず、神様のお手伝いをする修行をしたいと思ってるのよ」と言っていたのを思い出しました。よくよく考えると、母も「次は人間に生まれ変わらず、神様のお手伝いをしたいな」と話していたことがありました。

まだボーッとしている母に「今ね、龍神さまがいらしてね。わかった？」と聞くと、母自身もわかっていたようでした。

「かえでに質問されていろいろ考えていたら、龍神さまが降りて来られて面白いことを話してたね。確かにね、榛名神社に七福神様がいらしたでしょ？　あの七福神様は私たちを癒やしてくださるけど、修行している方も多いから、その方々を励まし、助けてくださってるなと感じる」

「それにしても『選ばれし者』って言ってたけど、お母さんもそうなりたいの？　前にそんなこと言ってたよね？」

「そうね……でも、簡単なことではないの。今回の榛名神社へのお参りでよくわかったよ」

母は再び黙り、そのまま眠ったようでした。私の中では、榛名神社への興味が増していました。

修行者の般若心経《はんにゃしんぎょう》

最近、母と一緒に再び榛名《はるな》神社を訪れました。前回のことを踏まえて、無理をしないように午前中に到着し、榛名神社だけをゆっくり参拝する予定を立てました。

実に2年半ぶりの榛名神社は、やはり素晴らしかったです。とても荘厳で、本殿へと向かう長い参道では、当時を思い出し、身が引き締まるような気持ちになりました。

私は写真を撮りながらのんびりと足を進めます。母も今回はゆっくりと私の後ろを歩いていました。

すると、突然耳鳴りがし、どこからともなく般若心経が聞こえてきました。お坊さんでもいらっしゃるのかと周囲を見回しても誰もいません。不思議に思いながら歩いていたのですが、聞こえてくる声と一緒に私もいつの間にか般若心経を唱えていたのです。私はだんだん気分が悪くなり、足元がおぼつかなくなってきていました。

そこでハッと我に返り、反射的に不動明王様の御真言が口から出てきました。何度も何度も御真言を唱えながら歩いていると、少しずつ楽になっていきました。

振り返ると、母はかなり後ろを歩いていました。私は母に駆け寄り、今起こったことを伝えると、母にはすべてが見えていたようでした。

「確かにさっき、竹の笠をかぶった全身真っ白の服を着た随分昔のお坊さんが、般若心経を上げながら修行されていたから、それが聞こえたんだね。すでに亡くなってる方だけど、霊となってさまよっているというわけでなく、今も修行なさってるだけだから怖いものではないよ。敏感な人は感じてしまうことがあるのかもね。そんなときは、かえでがやったように、不動明王様の御真言をあげれば大丈夫。**亡くなった方に対しては、不動明王様の御真言がとても効くのよ**」

私は安心して、不明王様の御真言を上げながら歩みを進めました。

開運の神社

境内をゆっくりと散策しながら、私たちは社務所に到着しました。前回訪れたときは、社務所が閉まっていたのでご祈祷はできませんでしたが、今回はご祈祷をしてもらうつもりで、午前中に参拝していました。

ご祈祷の申し込み書には、「開運」「商売繁盛」「家内安全」の三つを中心に据え、他の神社でよくある「車祓い」「七五三」「初宮参り」などは記載されていませんでした。考えてみると、駐車場から本殿までは徒歩で20分ぐらいの距離があるので、小さなお子さんがかわいい着物を着て歩いて来ることや、生まれたての赤ちゃんの参拝は確かに少し大変です。また、車を停める場所も遠いので、車を祓うにも適していません。

神職の方にそのことを聞くと「書いてはいませんがもちろんできますよ。車祓いは直接車を祓うことはできませんが、車検証と車のキーを持ってきていただき、それをお祓いします」とのこと。

どのご祈祷にするか迷っていると、母が「開運」のところに大きく丸を書いて「うんうん」と大きく頷きながら**「ここはまさに開運の神社！」**と言うのです。ご祈祷は母だけにして、私は付き添いのつもりでしたが、母の言葉を聞いて、急遽私も「開運」で申し込みました。

ご祈祷をすると本当にゆっくり参拝できますし、神職の方々とお話もできるのがいいと思うのです。そして、より近くで神様の御神気に触れられ、直接自分の名前を上げて神様へとお通ししていただけるので、とてもありがたい気持ちになります。

大きな神社なので、参拝客はたくさんいらっしゃいます。でも、初宮参りや七五三、車祓いの方が少ないからか、そのときご祈祷を申し込んだのは私たち二人だけでした。そのおかげもあり、よりしっかりと願いを上げていただくことができた気がします。

ご祈祷後、私は母に「どんな神様だった？」と尋ねました。

「三柱の神様が出てこられたよ。前に二柱の男性の神様、後ろに控えるように赤い着物を着た女性の神様が出てこられて、話を聞いていらした。修行の方が多いこの神社なら、厳しい神様なのかなと想像していたら、確かにお力の強い厳しい山の神様だったね。でも、ちゃんとお話ししたらとても優しい神様。昔は、お坊さんも宿坊に泊まりながら修行に来られていたお寺のような神社だったみたい。最近はそのような人がいなくなって、観光客が増えたけど、それはそれでとても喜んでいらっしゃる。ここに来られること自体を喜んでいらっしゃる。厳しいけれど優しく、とてもお力の強い神様だから、しっかりと名乗り、ごあいさつしてからお話しすることで、腰を据えて聞いてくださるのよ」

「そんなにお力が強いなら、こちらではやはりご祈祷はしていただいたほうがいいよね？」

「私は必ずしもご祈祷をしないといけないとは思わない。ただ、ご祈祷すると直接名前を上げていただけるし、より神様の近くで何よりゆっくりお話しできるから好きなのよね。

特に今、榛名《はるな》神社は工事中で少し参拝しづらいと思うから、時間とお金に余裕があるときは、**開運のご祈祷をしていただくのがいいと思うよ。すごい御神気をいただけて、運気も上がると思う。**もし願いがある場合は、ご祈祷中にそのこともお話しして神様に聞いていただく。そうすると、運気が開けてくると感じるよ」

そして母は、ご祈祷でいただいた「除災四方八方　榛名神社御守護」と書かれた木札について付け加えました。

「これはすごい厄除け。悪いものを跳ね返すお力があるお札よ。神職の方が『玄関にぶら下げてください』と話していたけど、魔除けとして素晴らしいお力がある。ご祈祷で開運していただき、そしてこんな厄除けのお札までいただけて、本当にご祈祷していただいて良かった」

喜ぶ母を見ていると、私は前回の失敗を塗り替えられた気がして、胸を撫で下ろしました。本当にまた来て良かったと思います。

三峯《みつみね》神社（埼玉県）

『白』い『氣の御守』とオオカミ様

埼玉県秩父市の山中に、三峯神社という神秘的な神社があります。三峯神社は『白』い『氣の御守』が有名で、多くの参拝者が訪れます。

かつて、毎月1日にのみ授与している特別な『白』い『氣の御守』を求めて、たくさんの方が参拝しに来られていました。でも、この『白』い『氣の御守』は人気がありすぎて、残念ながら今は授与を休止されています。

また、「御眷属拝借《ごけんぞくはいしゃく》」という珍しいご祈祷もあります。三峯神社の眷属神であるオオカミ様を一年間拝借して守っていただくというものです。

関東在住の友人は、この神社が好きでよくお参りしていました。もちろん、今は授与を休止中の『白』い『氣の御守』を持っていますし、「御眷属拝借」もしています。

あるとき、その友人が我が家に来ることがありました。そのとき、母はその友人を見て「オオカミがついて来てくださっているね」と言ったのです。

このときはまだ、私は友人がそんなに三峯神社を懇意にしているとは聞いていませんし、もちろん御眷属拝借をしていることも知りませんでした。

私は母に尋ねました。

「オオカミ？　珍しいね。犬でなくて？」

「似ているけど犬ではないね。犬よりはもっと顔が勇敢で、何より神々しいお顔だから、オオカミだと思ったのよ」

それを聞いた友人はとても驚き、感動で涙ぐみながら「実は……」と三峯神社のことを教えてくれたのです。

険しい山道を抜けた先に

私は三峯神社のことをよく知りませんでしたが、友人に話を聞いてからはとても気になっていました。ですが、私の住まいからは気軽に行ける距離ではないので、なかなか行くことは叶いません。

そんな中、ある年の夏に、三峯神社に行く計画を立てました。私はせっかく行くならば、どうしても境内にある興雲閣《こううんかく》に宿泊したいと考えていましたが、世間は夏休みの真っただ中。無理かなと思いつつ、予約の電話を入れてみると、ちょうど希望日だけ空いているではありませんか！

これは呼ばれていると思った私は、迷わず予約を入れました。

参拝に行くにあたっては、本当はいろいろな話が聞ける母と一緒に行きたかったのですが、夏の旅行になるので、母の体力的なことを考えて断念しました。母も私と同じように興味を持っていたので、残念ですが仕方ありません。

そこで今回は、娘と一緒に参拝することになりました。


三峯神社には車で向かいました。近くなるにつれて道はどんどん狭くなり、くねくねと曲がりくねった山道になっていきます。

そういえば、私と同じ石川県に住む知人も、三峯神社が好きで何度か足を運んでいました。その知人は、まだ『白』い『氣の御守』が授与されているとき、授与される日に車で行ったことがあるらしく、大渋滞を経験したそうです。

テレビで取り上げられたことを機に、この『白』い『氣の御守』を求める人が殺到し、山道が混雑するようになったとのこと。知人はそれを知っていたので、前日の夜に石川県を出ましたが、何時間もかけて現地付近まで来たと思ったら、細い山道を長いこと並び、やっとのことでお守りをいただけたそうです。

「ここが大渋滞になるのか……。どうやってすれ違っていたんだろう……大変だ」などと思いながら、霧で道が霞む中、恐る恐る車を進め、ようやく駐車場に到着しました。

駐車場から参道を15分ほど歩いた先に、三峯神社はありました。

境内にある興雲閣に宿泊することになっていた私たちは荷物もあったので、駐車場まで迎えに来てもらいました。

お迎えの方に「お朔日《ついたち》にはすごい渋滞になってたんですよね?」とお聞きすると、「それはそれは……。『白』い『氣の御守』は大変な人気で、お朔日には40キロもの渋滞になり、救急車両も入れなくなったので、やむを得ず授与を休止しているのです。再開のメドがたたないんですよ」とおっしゃり、その人気のほどが理解できました。

この日の到着は夕方だったので、私たちは拝殿から本殿へ向かってごあいさつだけして、次の日の朝にゆっくり参拝することにしました。

参集殿である興雲閣に宿泊し、翌朝7時半から「日供祭《にっくさい》」というご祈祷に参加する予定です。これは宿泊者のみ参加可能なようで、一般の方のご祈祷は9時からのようです。「日供祭」にも、もちろん5000円からのご祈祷料は必要ですが、それを受ける場合は、1泊2食付きの宿泊費が2000円引きと、少しお得になるようです。

興雲閣の部屋からの景色は、とても幻想的で素敵です。部屋にはトイレとお風呂はありませんが、施設内には温泉があります。この温泉がとても良く、私も娘もとても満足できました。

私は朝のご祈祷に参加できることがとても楽しみで、ワクワクしながら早々に眠りにつきました。

翌朝、早く寝たこともあるのか、早くに目覚めてしまった私は、まだぐっすり眠る娘を置いて、一人で三峯神社へのお参りに出かけました。

早朝の三峯神社はまだ誰もおらず、とても清々しい空間で、あまりの気持ち良さに「娘も起こして連れてきたら良かった」と後悔しました。

まずは拝殿で手を合わせると、友人から聞いたオオカミ様を感じたい私は、オオカミ様の仮宮《かりみや》である御仮屋《おかりや》神社に向かいました。

オオカミ様の視線

御仮屋神社の誰もいない参道を歩いていると、**突然、一体のオオカミ様が私が歩いている姿を見に来られていたように感じました。**

ですが、視線を感じた方向を見ても、そこには誰もいませんし、何もありません。ぐるりと辺りを見回しましたが、人っ子一人いません。

不思議に思いながらも再び参道を歩きはじめると、またオオカミ様の視線を感じるのです。でも、そちらを見てもやっぱり誰もいないのです。

そんなことを繰り返しながら、御仮屋神社のお社に到着しました。さっそくお参りをするため手を合わせると、また視線を感じました。今度はたくさんのオオカミ様に見られている感覚です。

まわりに誰もいなかったので、私は声を出して住所、名前、年齢を言い、祝詞《のりと》を上げました。その間もずっと視線を感じています。しかも、私の声もじっくりと聞かれている感覚です。とても不思議な空間でした。

そんな中、お参りをしているうちに、知らず知らずのうちに涙が出ていることに気づきました。

「あれ？　私泣いてる。誰もいなくて良かった……」

私は焦って涙を拭いましたが、しばらくの間その場から動けませんでした。

姿は見えないけど、確かにオオカミ様を感じます。私は一人、鳥の鳴き声を聞きながら長いことボーッとしていました。

ハッと我に返った私は、不思議なこともあるものだと思いながら、周囲を散策しました。

それから、ヤマトタケルノミコト像や遙拝殿《ようはいでん》を巡りました。間近で見るヤマトタケルノミコト像は圧巻でしたし、階段の下から見上げた遙拝殿は、天国かと思うほど美しい光景が広がっていました。ここから望む朝の景色の美しさは、今も鮮明に覚えています。

ご祈祷の醍醐味

私一人で早朝参拝をして、とても清々しい思いで部屋に戻ると、娘はまだ眠っていました。この日は朝7時半から行われる日供祭に参加することになっていたので、娘を起こしてご祈祷の場に向かいます。

朝のご祈祷である日供祭は、多くの神社で行われますが、三峯神社では従事される神職の方々が集まり、野菜や果物を奉納して、大きな太鼓の音とともに大祓詞《おおはらえのことば》を上げて始まります。神職の方々みなさんで上げる大祓詞はとても迫力があり、私も胸が熱くなり感謝でいっぱいになりました。

私はご祈祷に合わせて、参拝に来させていただいたことへの感謝や、先ほど御仮屋神社でオオカミ様を感じたことなどを、ゆっくり心の中でお話しさせていただきました。

どこの神社でもそうですが、ご祈祷ではこんなふうに神様の前に向き合って座り、ゆっくりお話しできることが醍醐味かもしれませんね。

コロナ禍のときは、ご祈祷を申し込んだ本人だけしか参列できないという状況もありましたが、今は家族も一緒に参列できるようになっています。そのため、今回は私と娘の二人で参加することができました。

ご祈祷の厳かな時間は、心をスッキリと穏やかにしてくれます。私たちは三峯神社を堪能し、帰路についたのでした。

ついて来てくださったオオカミ様

後日、母に三峯神社のオオカミ様のことなどを聞こうと、現地で撮った写真を手に実家に向かいました。

意気揚々と実家に足を踏み入れるやいなや、母は何かを感じたのか、私の右肩をジーッと見て何も言葉を発しません。何度も私の右肩を見ながら、少しの間思案するとこう言いました。

「オオカミ様がついて来てくださってるね……」

私は感激しましたが、続く母の質問にドキッとしました。

「三峯神社では御眷属拝借《ごけんぞくはいしゃく》をしていただいた？」

「御眷属拝借」は、前述もしましたが、御眷属様を御神札《ごしんさつ》として1年間拝借し、ご守護を祈ることです。

実は、事前に御眷属拝借をしていただこうと予定していたのですが、日供祭にとても満足してしまった私は、うっかり忘れて帰宅してしまっていました。

ただ、私は帰路にて山道を運転中、林の中にオオカミ様を見かけていました。その日の早朝の参拝を思い出し、思わず「あ!! オオカミ様!」と叫び、車を停めました。ですが、娘に「今、オオカミ様がいたよね?」と聞いても、「? いないよ。三峯神社でオオカミ様のことばかり考えていたから、幻でも見たんじゃない? それか犬を見間違えたとか?」と、娘には見えていなかった様子。

「いや、あれは絶対にオオカミ様だった! 目がキリッと細くて、シベリアンハスキーのような感じだけど、犬じゃない! 本当にいたのよ! グレーか薄い茶色のオオカミ様だった!」

「じゃあ三峯神社のオオカミ様が、お見送りしてくれたってこと?」

「そうだと嬉しいな……」

私は少し自信を失いながら、再び車を走らせました。

その後、「あれはやっぱりオオカミ様のお見送りかな」などと感動しながら運転しているときに、御眷属拝借をしていただくのを忘れたことに気づいたのです。

戻るわけにもいかず、今回は諦めてまた必ず母や妹たちと一緒に来ようと思い、そのまま帰路につきました。

私はその経緯を母に説明しました。すると、母は驚くことを語りだしました。

「あら！　拝借してこなかったの？　それでも、オオカミ様はついて来てくださったんだね。すごいね。かえでについて来てくださったオオカミ様は、薄い茶色がかったグレーで、ちょうど大人になる前くらいの若いオオカミ様よ。目はオオカミらしくキリッとしている。厳しいぐらいのお顔つきね」

それまで、御眷属拝借を忘れるという、痛恨のミスをおかしたことにガッカリしていた私ですが、母の話に感動し、高揚が抑えられません。というのも、その特徴は私が三峯神社の帰り道で、見送ってくださったと思っているオオカミ様とまったく同じだったからです。

「帰りの山道で、オオカミ様が見送ってくださったの！　そのオオカミ様は、今お母さんが話した特徴そのもの。そのオオカミ様を山道で見たのをきっかけに、御眷属拝借を忘れていたことを思い出したのよ」

「そうなのね。でも、御眷属拝借をしていないのに、オオカミ様がついて来てくださった。かえでをお見送りしてくださったオオカミ様が、そのままついて来てくださったのね。これはすごいことよ」

私は天にも昇るような心地でした。

三峯神社の力

その後、三峯神社で撮ったたくさんの写真と動画を母に見せると、母は「玉置《たまき》神社を思い出す。同じ感覚ね」と言います。

玉置神社は奈良県に鎮座する神社です。実際に三峯神社に行った私も、同じ感覚を持っていました。

「そうそう！　私もそう感じた！　玉置神社に雰囲気が似ているなって」

「**それにしてもすごいお力だね。これは山からのお力。写真を見ているだけで伝わってくる。ここは絶対に行かせていただきたいね。懺悔《ざんげ》をしても、聞き入れて流してくださる。そして、これからこうなりたいと願えば、それも聞いていただける。とにかくすごいパワーの神社。**龍神さまや天狗様もおられるし、もちろんオオカミ様もいらっしゃる」

私がオオカミ様を感じた御仮屋神社にも感心したようです。

「こちらも、境内社とは思えないほどのパワーを感じるね。奥ゆかしくプライドを感じる神社。この写真や動画の中だけでもオオカミ様が何体もおられるよ。オオカミ様って小さくてもすごく速く走るのね。飛ぶように速く走っていてすごいよ」

ヤマトタケル様の像や遙拝殿にも、母は感動しっぱなしです。

「こちらの像にも眷属神様《けんぞくしん》が入られてる。手からすごいパワーが出ているよ。こちらもパワーをいただくのにいい場所だね。遙拝殿は……もう神々しいとしか言えないね。この奥宮から素晴らしい神々様を感じる。奥宮に登りたくなるね。登拝させていただきたいとは思うけど、私には無理ね。でも、この遙拝殿から手を合わせるとつながるよ。私もここに行かせていただき、この遙拝殿から神々様のパワーを感じたいわ。**三峯神社は素晴らしいね。どの場所も写真で見るだけでワクワクする**」

そして母は再び私の右肩を見て、「オオカミ様もついて来てくださったんだよ。羨ましい。私も行かせていただきたいわ。今、最も行きたい神社ね」と何度もつぶやいていました。


では、なぜ御眷属拝借をしていないにもかかわらず、私にオオカミ様がついて来てくれたのでしょう。そのオオカミ様のお言葉が欲しいと思い、母に聞いてもらうようお願いしますが、「それがね……何もおっしゃらないのよ」と言います。

「かえでの一歩後ろに下がって、影のようについて来てくださっている。何も話さずジーッとこちらを見られてるよ……」

残念ながら、オオカミ様のお言葉はいただけませんでしたが、私はまた必ず行こうと誓いました。

母も私の右側に向かって手を合わせ、「来年は、必ず私も一緒に三峯神社に参拝させていただきます。そのときまでかえでについていってください」と祈りました。

「本当に頼もしいオオカミ様。でもね……本来は三峯神社に行っても、そう簡単にはついて来てくださらないから、このようなお願いはしないほうがいいのよ。だからなおさら、今回、御眷属拝借《ごけんぞくはいしゃく》をしていないにもかかわらずついて来てくださって、それは純粋にすごいと思う。羨ましいね。私も早く行きたいわ」

母の三峯神社への想いは増す一方でした。

眷属神様のおはからい

あれから数カ月、母も一緒に三峯神社へと参拝することが叶いました。

向かう車中、私はオオカミ様について母に尋ねました。

「あのオオカミ様は、まだ私についてくださっている？」

「うん。後ろにそのオオカミ様を感じてるよ。ありがたいなと思っていたよ」

「嬉しい！　じゃあ、三峯神社に行かせていただくことも喜ばれてるのかな？」

「もちろんとても喜んでいらっしゃるよ。普段からクールで何も話されないからわかりにくいけど、喜ばれているのは態度でわかるのよ」

それなら本当に良かったと、私の喜びもひとしおです。


ところで、今回も運良く、興雲閣での宿泊予約も取れていました。

「興雲閣に泊まれるんだったら行かせていただこうと話していたよね？　急なのにこの日だけ空けていただいたのも、オオカミ様のお力だと思ってる。だから、心の中でありがとうございますって手を合わせていたの。オオカミ様は相変わらずクールに黙っていらっしゃったけどね」

「そうよね。まずは私についてくださっているオオカミ様に『ありがとうございました！』と感謝するよ。そして、正式に御眷属神拝借させていただこうね」


三峯神社に着くと、空はすでに赤く染まっていました。私たちは本殿でごあいさつだけして、興雲閣で宿泊受付を済ませました。

私たちは食事の前に温泉に入ることにしました。すると、湯船に浸かった母が「ここの温泉はすごい」とつぶやきました。

「やっぱり？　私もそう思っていたのよ」

「沸々とお湯から聞こえる。**ちょっとした病気なんて治しちゃうぐらい。身も心も悪いものを洗い流してくれる薬湯《やくとう》ね。**いろいろな神社に併設している参集殿《さんしゅうでん》によく泊まるでしょう。そのたびに、大浴場があると『いいお湯だな。薬湯だな』と毎回思うけど、ここは今までで最高かもしれない。すごい温泉よ。まさに神様からの贈り物だね」

母はありがたそうに、温泉の上に見えるお社に手を合わせました。

その夜、私は夢を見ました。

私はある草原を走っています。それは私の姿ではなく、オオカミの姿で斜面を駆け上がっているのです。横を見ると、グレーのオオカミも一緒にすごいスピードで走っていました。

そこで目が覚めました。

横を見ると母は起きていたので、私はその夢の話をしました。

「オオカミになって駆け上がっているなんて、とてもいい夢ね。かえでについていてくれているオオカミ様だろうね。実は今さっき、オオカミ様が部屋に入ってこられたから、気配を感じて目が覚めたのよ。部屋を見回りしてくださったのかな。何も言われないから気になって眠れなかったよ。かえでは気づかなかった？」

そういえば、普段から私は寝つきが良く、なかなか途中で目が覚めることもないのに、今日に限って珍しく夜中に目が覚めていました。

「なぜか夜中に目が覚めたよ。オオカミ様かどうかはわからないけど、部屋に来てくださっていたのね」

夢にまで現れていただいたオオカミ様。近くでずっと守ってくれていらっしゃると感じ、私は改めて感謝の念を送りました。

念願の御眷属拝借《ごけんぞくはいしゃく》

早朝、母と私はゆっくりとお参りをし、朝のご祈祷「日供祭」と御眷属拝借をしていただきました。

御眷属拝借は、毎月10日と19日に自宅の神棚にお供えをし、手を合わせて感謝をお伝えしてほしいとのこと。神社ではこの日に赤米をお供えしていますが、難しい場合はお酒だけでもいいそうです。そして、年に一度はここを訪れ、御眷属拝借をしてほしいと。それだけでも、御眷属拝借が簡単ではないことがわかります。

「御眷属拝借ができて良かった」

私は前回の無念をはらすことができてほっとしました。

「御眷属拝借はすごいと思うよ。たくさんのオオカミ様の中に、ボスのような大きな大きな黒いオオカミ様がおられるんだけど、神様のお力も強いから、この眷属神様のお力もとても強い。そのボスオオカミ様が差配して、オオカミ様たちがそれぞれの家を守るために来られるの」

そう言うと、母は黙り込みました。

「どうしたの？」

「あまりにも素晴らしいから、キリ（私の上の妹）とももの家にも御眷属拝借させていただきたいと思ってね。でも、本人たちが来ていないから……と考えていたら、今、オオカミ様が『本人がおらずともすればよい……』っておっしゃってくれたのよ！　だからキリとももに、お迎えできるかを聞いてみてほしい」

これは、毎月10日と19日に、お酒や赤米のお供えをすることが可能かを確認してほしいということです。

急いで電話でキリとももに聞くと、二人とも「ぜひしてほしい！」と言います。

私たちは再び、御眷属拝借のご祈祷をお願いしました。神職の方によると、代理でも問題ないようです。

私は神様に「この日、二度も上がらせていただき、ありがとうございます！」と感謝しながら、妹たちの分のご祈祷も無事終えました。

「そなたも二度参ったことと同じよのぅ……って言われたよ！　キリとものおかげで、今日二度も参拝させていただいたわ」

母も少女のような顔をして喜んでいました。

「伊勢神宮のお力はすごいから、それだけの参拝者が来るよね。**三峯神社の神様もすごいお力だけど、人を選ぶ。誰でも気軽に来られるわけではない。だから、眷属神をお貸してもまだまだお力があり余ってる。『白』い『氣の御守』が有名だけど、それ以外のどのお守りもパワーがすごいよ。**御眷属拝借をしたら、郵送でもいいと言われたけど、できれば年に一度は訪れて、直接感謝したいものね。すると、ついて来てくださっているオオカミ様もとても喜ばれるよ。それを楽しみに、今度は三姉妹みんなで来させていただこうね」

何度も訪れるべきであり、何度も訪れたくなる神社。三峯神社にはそれほどの力があることを、私は身に染みて感じていました。

玉置《たまき》神社（奈良県）

龍神さまの啓示

以前、私は龍神さまから「神の道を極めたいのなら熊野へ参れ」と言われたことがあります。それをきっかけに、私は和歌山県にある熊野三社に参拝しました。熊野三社とは、熊野本宮《ほんぐう》大社、熊野速玉《はやたま》大社、熊野那智《なち》大社のことで、「熊野三山」ともいいます。

その参拝の後、龍神さまに「熊野三社にお参りさせていただきました」と報告すると、「いやまだ足らぬ……。奥宮へも参れよ……」と言われたのでした。

「奥宮ですか？　それは玉置神社のことでしょうか？」

「そうよ……。奥宮と呼ばれるその地は、とても大切な地」

熊野三社の奥宮である玉置神社に、まだ参拝していないことを指摘されたのです。

玉置神社は、熊野三社がある和歌山県ではなく、奈良県十津川村の山間に鎮座されています。

私は奈良県が好きで、奈良県の神社仏閣にはよく参拝していますが、玉置神社にはなかなか行く機会がありませんでした。というのも、地図で見ると比較的近いのですが、高速道路が近くまで走っておらず、山道ということもあり、私たちが住む石川県からは車で7時間以上かかるからです。

龍神さまのお話を聞き、どうしても玉置神社に行きたいと考えていた私は、母に相談しました。

「年内にどうしても奈良の玉置神社に行きたいのよ。少し歩くみたいだけど、一緒に行ってくれない？」

「え？　かえでもそう思っていたの？　私も龍神さまから『玉置神社に参られよ。そしてすべてを禊ぎ祓ってもらえ』と言われていて、近いうちに行かねばと思っていたのよ！すごく嬉しい！　少し歩くくらい大丈夫よ。とっても楽しみね！」

母も大喜びで、こうして母と私は玉置神社に参拝することになったのです。

山道に潜む祠《ほこら》

和歌山県と奈良県の県境、奈良県側にある玉置神社は、同じ奈良県の天河大辨財天社《てんかわだいべんざいてんしゃ》から、車で山道をクネクネ進み1時間30分ほどかかります。

途中には、日本でも最大級の長さを誇る鉄製の吊り橋「谷瀬《たにぜ》の吊《つ》り橋」という観光名所があり、ここには私たち家族で訪れたことがあります。木の板の隙間から下が見えるので、子どもたちとキャーキャー言いながら楽しく渡った覚えがあります。

その吊り橋からさらに奥に進むと、秘境と呼ばれる十津川温泉があり、さらに玉置山を登った先が玉置神社です。

玉置山の山道を走っていると、母は「大きな龍神さまが守られているね。とても強いお力の龍神さまよ」と感じたようでした。

その後、私たちは対面通行ができないような狭い山道に差しかかり、私は運転に集中しています。すると、あるカーブを曲がったところで、助手席で目を閉じていた母が、突然「あっ！次ストップ!!」と言うのです。

何事かと思って車を停めると、道路の向こう側に祠と滝が見えました。

「瞑想していたら滝があって、大きくてお力の強い龍神さまがここを守っていらっしゃるのを感じたのよ。ここのことね。すごいよ」

幸い駐車スペースもあったので、私たちは車を降り、その祠に向かいました。


祠の近くに行ってみると、思った以上の音と迫力です。驚いたことに、歓迎されているのか滝には虹がかかっていました。私は鳥肌が立ちました。

母は滝に向かって大きな声で龍神祝詞《のりと》を上げはじめました。それが終わると、最後は両手を大きく上げ、いつも龍神さまが母に入られるときのかけ声と同じように「ほーぅ！ほーぅ！　ほーーぅ!!」と叫び、手を合わせるのです。

私も母にならって龍神祝詞を上げていると、突然雨が降りだしました。さっきまでは雲間から太陽すら見えていたのに。それは決して激しくはなく、滝のしぶきのようなとても優しい雨でした。

今までも、龍神さまをお祀りする神社にお参りすると雨が降る、ということを何度となく経験していた私にとっては、それほど驚くことではありませんでした。

「お母さんが龍神祝詞を上げ終わった途端、優しい雨が降ってきたね。龍神さまが降らせてくれるんだろうねぇ」

「龍神さまはこうやって雨を降らせてくださるね。この雨は禊の雨。こちらの龍神さまはとってもお力があって、ここを守っていらっしゃる」

「こちらの龍神さまは何色をしてらっしゃるの？」

「濃いグレーの龍神さまでね。この祠はね、龍神さまのお力を鎮める意味もある。それほどにこちらの龍神さまはお力が強い。この滝では収まらない龍神さまのお力なのよ〜」

母は再度祠に手を合わせました。


横の石碑を見てみると、「八大龍王」という文字が見えます。大きくて強い力を持つ龍神さまは、この場所で玉置山、そして玉置神社を守っていらっしゃるのですね。

慣れない山道の運転で神経を使った私はとても疲れていたのですが、ここで手を合わせていると癒やされ、疲れも吹き飛んでいました。

「山道で車酔いしても、こちらの滝で深呼吸してみると、とっても落ち着くと思う。玉置神社に行く前にこちらに立ち寄ると、そういうことも含めて整えてくださるね」

母の隣で、私も再び祠に手を合わせました。

険しくも清い参道

さらに山道を登ると、ようやく玉置神社の看板が見えてきました。玉置山を登りはじめてから約30分。やっと駐車場に到着です。

玉置山は標高1076・4メートルで、山頂から見える景色はとても雄大です。この日は曇りでしたが、天気がいいときっと、もっと気持ちいいのだろうと思います。

あたりを見渡すと、平日の午後2時を回った時間だったのですが、参拝者はけっこういらっしゃいました。ここに来る途中の山道は車がすれ違えないような狭い道で、対向車が1台も来なかったので、お参りする人が少ないのかと思っていましたが、どうやらたまたますれ違わなかっただけのようです。

駐車場近隣には、お店や綺麗なトイレもあります。私と母は少し休憩し、ここからさらに徒歩20分ほどの玉置神社へと向かいました。

「もともとこの山自体、御神気が強く、車で登っていくにつれてすごいなと思っていたんだけど、この鳥居をくぐるとさらにすごい御神気でね。ゾクゾクするような場所だから、龍神さまもいらっしゃるね」

参道に連なるのは奉納されたたくさんの旗。私たちはそれらを見ながら歩みを進めます。母のペースに合わせ、30分ほど歩いたでしょうか。ようやく社殿が見えてきました。

「お母さん！　社殿が見えてきたよ！」

少し焦っていた私は、後ろを歩く母に声をかけました。

「今ねぇ、こちらの神様から『焦らずともよい。ゆっくり参られよ』って言われて安心したよ」

先ほどまで母もやや急いでいたようですが、今は落ち着いています。

というのも、事前に電話で確認し、ご祈祷の受付は15時30分までと聞いていたので、のんびり屋の私でも、15時までには着きたいと思っていました。

母は私と違っていつも時間に厳しく、このような山の奥にある神社で働いてらっしゃる方が、私たちのせいで帰るのが遅くなり、迷惑をかけるのが心もとないと考えています。だから先ほどまでは、早く着かなければという焦りがあったと思います。

そんな母の気持ちを汲んでくれたのか、神様が「焦らずともよい」と言ってくれたようで、母も安心して長い道のりを一歩一歩噛み締めて歩くことができました。

「**この階段も、一歩一歩、歩くごとに禊ぎ祓ってくれている。それぐらい素晴らしい参道ね。**」

先ほどの龍神さまも、この山に悪いものが入ってこないように祓い浄《きよ》めてくださっているし、本当にすごい神社だね」

目標にしていた15時の少し前、私たちは玉置神社に着きました。

「玉置神社ですべての罪穢《けが》れを祓い浄めて参れ。生まれ変われる。今よりさらに極められる」

ここに来る直前、母が龍神さまから言われた言葉です。ご祈祷をして、神様とゆっくりお話ししたいと願っていた母。いよいよ、そのときが訪れます。

諸災消除のご祈祷

ご祈祷の申し込みをして、社務所裏にある祈祷殿へ向かいます。

願い事を何にしようか考えていると、あまり見たことがない「諸災消除」というご祈祷がありました。説明には「さまざまな災いを祓い除け、清くするご祈祷」と書いてあります。

龍神さまから言われた「すべての罪穢れを祓い浄めて参れ」という啓示にピッタリだと思った私と母は、「諸災消除」に決めました。

この用紙を提出したところ、神職の方から「諸災消除でのお申し込みですが、何かありましたか？」と聞かれ、私たちは口ごもりました。

「えっと……今までの罪穢れを祓っていただきたくて……」

「そうですか。変な話、このご祈祷は、悪いものが憑《つ》いていると悩まれている方がされることが多いんですよ。でも、お二人はそのような感じにも見えないので、一応内容を聞かせていただいた次第です」

神職の方は笑みを浮かべ、質問の意図を語りました。

「私たちも、変なものは憑いてはいない……と思っています。罪穢れといっても、犯罪などといった罪というわけではないのですが、今までのさまざまな小さな罪穢れを祓っていただき、生まれ変わりたいと思ったんです」

「そうだったんですね。そのような方はあまりいらっしゃらないので、お聞きして良かった。内容によってはお上げする祝詞《のりと》も変えているんですよ」

それはとても丁寧なご祈祷です。ありがたいと思いながら、私たちはご祈祷に参列しました。

最中、私は生まれてから犯した罪穢れを思い出し、すべてを懺悔《ざんげ》する気持ちで神様にお話ししました。

私がまだ子どものころ。当時の友人たちと一緒に、担任の先生の藁人形を作って呪ってしまったことがありました。藁人形といっても、新聞紙で作った真似事だったんですが、遊びとはいえ、とても悪いことをしてしまったと後悔しています。それを含め、思い当たることすべてをお話ししてお詫びしました。

「私の犯したたくさんの罪穢れをお祓いください。そして、気持ちが生まれ変わりますように」

ご祈祷が終わると、私たちはもう一度本殿でゆっくりお参りしました。

参拝後、私は玉置神社の神様について母に尋ねました。

「こちらの神様ってどんな神様だった?」

「こちらの神様は並大抵のお力ではないよ。聖徳太子みたいな雰囲気でね。とっても懐が深いし、今までの罪穢れをすべて洗い流し、生まれ変わらせてくださる」

「罪穢れを祓っていただけて、私も生まれ変われるかな?」

「私も長年生きてて思い当たることをいろいろお話しして、心からの懺悔をしたの。すると神様は **『人は、生きていると誰しも過ちを犯しておる。悟っただけでも素晴らしいこと。前を向いて歩くがよい。人のために尽くしていくがよい。神は見ておる』** とおっしゃってね。ここで生まれ変わって、折り返し地点——私にとっての集大成……さらに新しく生まれ変わり、極められると思う。早くにこちらにお参りさせていただいて本当に良かった。これからお参りする神社の神様のお力を、まっさらな自分で吸収して受け入れられる。それはとっても素晴らしいことね」

私は「生まれ変わり」を確信した母のことが、少し羨ましく思っていました。

「もちろんかえでにとっても、とても良いお参りになったよ」

私の気持ちを察したのか、母はフォローしてくれたようでした。

消えた膝の痛み

ご祈祷のとき、長い距離を歩いたせいか、母は少し膝を痛めてうまく正座できずにいました。神職の方が「どうぞ足を崩してください」と言ってくださったので、母は「すみません……」と足を崩してご祈祷を受けていました。

しかしご祈祷が始まった途端、母は急にスッと正座をしたのです。私は隣で密かに「膝、大丈夫なのかな？」と気にかけていました。

その帰り道、母は膝の痛みがなかったかのように、足取り軽やかに参道を歩きます。

玉置神社の駐車場は本殿より高い場所にあり、帰りの参道は上り坂です。そのため、帰りのほうが少しキツく感じるのですが、そんなことはおかまいなしというように、来たときより軽快に歩く母。

「お母さん、膝大丈夫なの？　やけに足取りが軽く見えるけど？」

「そうなのよ。実はこちらの神様が治してくださったの。最初、正座ができなかったでしょ？　そのことを神様にお話ししたら、スッと膝を撫でてくださったのよ。そうしたらあっという間に膝が治って、正座もできるようになったの。今も全然痛くないのよ。ありがたいね。あっ！　今、『無理をするでない。気をつけて帰られよ』って言われたよ。こちらの神様は並大抵のお力でない。すごい神様って言ったよね。そして懐もとてもお深い……」

「そうだったのね。それじゃあ、罪穢れをお祓いいただくだけでなく、お願い事をしても大丈夫なのね」

「もちろんそうよ。**玉置神社は奥宮と言われるだけあって、お参りするにはとても大変な場所だけど、そんな場所まで苦労して来てくれた方を、神様は大きな懐で包んでくださる。**だから何でもお話しするといいし、何をお願いしてもいい。きちんと聞いてくださる神様だよ」

そう言う母は、少し慎重になりつつも、足取りは軽いままでした。

東の三峯神社、西の玉置神社

ずっと家族を連れて行きたいと思っていた玉置神社。先日、家族みんなで参拝することが叶いました。

前述のように、玉置神社は山奥のとても行きにくい場所。それにもかかわらず、その日は多くの車でごった返し、狭い山道は渋滞していて、50台ほど停められる駐車場はいっぱいでした。

駐車場が空くのを待ち、ようやく車を停めると、みんなで参道を歩きます。参道もたくさんの参拝者で賑わっていました。

そんな状況を見て、母は喜んでいました。

「たくさんの人が参拝に来られて嬉しいと思っちゃった。以前は参拝者も少なく、知る人ぞ知るすごい神社って感じだったと思うのよ。変な言い方だけど、力を持て余すぐらいだった。でもそのすごさに気づかれた方々がたくさん参拝するようになったから、神様も喜ばれている」

「じゃあお力はちょうどいい感じになったの？」

「いやいや、**まだまだ溢れるぐらいのお力をお持ちよ。**普通は、こんな山奥の神社に観光で来られることってそんなにないと思うのよ。観光地にある神社とは違って**簡単には来られないからこそ、来られる方はしっかり目的を持って手を合わせている。だから、溢れるばかりの御神気をくださるのよ。**本当に大変な場所だけど、多くの方々に一度は参拝してほしい。まだまだお力はあり余ってらっしゃるよ」

「私とお母さん以外のみんなは初めての参拝だけど、願掛けしても大丈夫？　初めてだと、お願い事をするのは気が引けるじゃない？」

「それは大丈夫よ。こちらに参拝に来られただけでもすでにご縁をいただいていると思って、まず来させていただいたことへの感謝をしてから、『初めての参拝で大変申し訳ないのですが』と前置きをしてからお願い事をするといいわね」

龍神さまは**「東の三峯神社、西の玉置神社」**と言われましたが、どちらもとても行きにくい場所にあります。しかし、それだけ参拝する価値がある、素晴らしい御神気をみなさんにも感じていただければと思います。

金華山黄金山神社《きんかさんこがねやま》（宮城県）

無人島にある神社

金華山黄金山神社は、宮城県石巻《いしのまき》市の太平洋上、フェリーでしか行けない島にある神社です。島には住民はおらず、神社の神職の方々がローテーションで寝泊まりされているそうです。そのためこの島には、神社で飼われている猫とたくさんの野生の鹿や猿が住んでいるそうです。自然豊かですよね。神職の方にお聞きすると、猿は気が小さく、人がいるときは森から出てこないとのことで、確かに私も見たことがありません。

金華山は古来、開運の神様、お金の神様として信仰されていて「三年続けてお参りすれば一生お金に不自由しない」と言われています。

私も最初は、あまり金運が良くないと思われる夫になんとか金運を授けていただきたく、まだ子どもが小さいころに家族で参拝しました。それから、遠方ながら何度か行くうちに、家族も私も大好きな神社の一つになりました。

母と初めて行ったとき、母は「滋賀県の竹生島や広島県の宮島と同じくフェリーでしか行けない神社ね。いつも思うけど、素晴らしい神様って簡単には会えない。宮城県というだけで私たちにとっては遠いけど、年に一度は参拝させていただきたいね。本当に素晴らしい神社」と語っていました。

震災後の金華山

今も書きながら涙ぐんでしまうのですが、平成23年3月11日、東日本大震災が起こってしまいます。あのときの衝撃は忘れることができません。

すぐには現地には行けなかったのですが、私は大好きな金華山が心配でたまりませんでした。

震災から1年とたたないころ、母がどうしても金華山に行って直接神様とお会いしたいというので、いろいろと聞いてみると、金華山へ渡るフェリーは、定期便としては運行していませんが、海上タクシーが出ていて、予約しておくと島に渡ることができるということがわかりました。

今行くのは神社に迷惑ではないか。私は気にしつつも神社に問い合わせると、「大丈夫ですよ！　参拝ならぜひとも来てください」と快く言ってくださいました。

それでも迷惑がかからないようにと、私たちは少人数で参拝することにしました。

現地に着くと、もともとフェリー乗り場があった場所は津波でなくなっており、ひどい状況でした。そんな中、海上タクシーを運営されていることには感謝しかありません。海上タクシーでようやく金華山にたどり着きました。

神様の悲しみ

その日の参拝者は私たちだけでした。

神職の方は数名おられ、これまでと同様、みなさん交代で金華山へと泊まりこんでいらっしゃいます。本当に頭が下がる思いでした。

ご祈祷は事前に予約していましたが、私たちは「神恩《しんおん》感謝」のご祈祷をお願いすることにしました。

ご祈祷の最中、母はずっと涙を流していて、時には嗚咽《おえつ》までしていました。母は神様と話しながら泣いているのだと思うと、私も涙をこらえられませんでした。

ご祈祷後、少し落ち着いた母に、最中の話を尋ねてみました。

「ご祈祷が始まると、とても悲しいお顔をした男女の神様が出てこられた。いつもはとてもキラキラと輝いていて、明るくパワーをくださるような存在なのに、あのような悲痛な面持ちの神様を拝見したのは初めてだったから、私もとても辛かった。いろいろお話をしたかったけど、私も何も言えず泣くしかなかった。すると男の神様が静かに**『必ずどこかでひずみが出る。それがここであった。それは前から決まっておったこと。それは変えられなかった。我らはこの震災で亡くなる者が少しでも減るように、そして亡くなる者がなるべく苦しまぬようにと引き上げておった。そして亡くなった者が一日も早く生まれ変われるようにと。そうするしかなかった』**とおっしゃった」

そして、たくさんの亡くなった人の魂を、たくさんの神様が光とともに上に引き上げてくださる姿を見せてくれたと言うのです。女の神様は悲しい表情のまま、隣でずっと静かに話を聞いていたそうです。

「このような天災は、いつか必ずどこかで起きる。起こることを止めるのは難しく、神様はその被害を最小限にしようと頑張られていたのがわかったわ。とても大きな災害だったから、**この地域の神様はみんなで力を合わせて、全力で亡くなってしまった方を上に引き上げることと、すぐに生まれ変われるように頑張っていらっしゃったの。**そこで力を使い果たし、今は力を弱めてらっしゃる。だから私は何も言えなかった。ただただ『ありがとうございました。そして、一刻も早く再び穏やかな日々になりますようにお祈りいたします』と、手を合わせることしかできなかったよ」

母は力なくつぶやきました。

復興途上

それからも金華山黄金山神社に何度か参拝しておりますが、行くたびに少しずつ復興が進んでいます。もちろん震災前のようにはまだまだいきませんし、女川《おながわ》のほうもまだこれからだと思うと神職の方や現地の方が話されていました。

それでも私は、跡形もなくなっていたフェリー乗り場や女川の町がきれいに整備されていくのを見ると嬉しくなります。

令和6年3月の終わり、私たちは再び金華山黄金山神社へと向かいました。

そのとき、フェリー会社の方は、私たちが石川県から来たと話したわけではないのに、元日の石川県能登地方の震災のことをとても心配されていて、私はこみ上げるものがありました。

今では参拝される方も増えているらしく、行くたびに少しずつ活気が出てきているなぁと感じます。

人々の祈りと神様の力

ブログで全国のおすすめの龍神さまを紹介するため、母に宮城県ではどこか尋ねてみると、やはり金華山黄金山神社の名前が出てきました。

「おすすめの龍神さまの神社として紹介しても大丈夫？」

「どんなきっかけであれ、たくさんの方がフェリーに乗ってまで金華山に行きお参りくださるのは素晴らしいこと。そして、女川の町で美味しいご飯を食べて、お土産を買ってとなると、それも復興を助けることになる。参拝する方が増えるとフェリーの便も増えると思うし、たくさんの人たちが祈れば神様のお力も増す。たくさんの方に参拝していただきたいから、宮城県のおすすめの神社は金華山黄金山神社にしましょう！」

私たちは復興を強く願っていますが、金華山黄金山神社を勧める理由は、決して復興のためだけではありません。

「金華山には白い龍神さまが何体もおられる。そのたくさんの白い龍神さまの中に金色にキラキラと輝いてる龍神さまもおられるのよ。金華山黄金山神社という素晴らしい名前からもわかるように、金運を授けてくださるのに最適な神社。眷属神《けんぞくしん》として金運を授けてくださる強い龍神さまもおられる。三年続けて参拝すると一生お金に困らないと昔から言われているように、昔の人は金華山黄金山神社の素晴らしさをよく知ってたんだね。神様のお力も元に戻りつつある今、人々の祈りは神様の力、龍神さまの力になり、ますますそのお力は増していくと思うわ」

母の言葉のとおり、紛れもなく強い力をその場所に感じているからなのです。

第7章

縁のある神様

産《う》土《ぶ》神《すな》様

母の生い立ち

母の実の母は、母を産んですぐ亡くなってしまいました。そのため、母の実の父も一人で育てられないと思ったのか、母を京都に住む知人夫婦のもとに養子に出したのです。母は大人になるまでそのことを知らずにいました。

その後、母は当時働いていた京都で父と出会い、結婚しました。結婚当初は京都で暮らしていましたが、私が小学校に上がるころに、父の故郷である石川県に移り住みました。

石川県に住むことになったとき、母はそれまで付き合いがあまりなかった親戚から、実は石川県生まれであることを知らされました。母はずっと、自分は京都生まれだと思っていました。すなわち、実の両親が住んでいた石川県の地の氏神神社が、母の産土神社だったのです。

産土神様とは生まれた場所の土地神様です。その人が生まれてから亡くなるまでを守護してくださります。もし他の場所に住まいを移しても、その人を一生見守ってくださるのです。

石川県に移り住んだころの母は、まだひらいていませんでしたが、なぜかその神社にお参りに行くと、どこか懐かしく心穏やかになると思っていたそうです。

母がひらいた後、再びその神社に参拝すると、そこが自分の産土神社だとわかりました。それも、産土神様が出てこられて「よう参られた！」と歓迎して、教えてくださったからです。

今も、母が参拝すると、産土神様は実家の祖父母のように温かく優しく迎えてくださるといいます。

産土神様を調べる

母のように生まれた土地がわからない場合、産土神様を特定するのはとても難しいです。

また、転勤などで定期的に移住するような家族も同様です。

かつて、転勤族のご家庭に生まれた知人に、産土《うぶすな》神様を尋ねられたことがあります。私は母にお願いし、龍神さまにお聞きしてみました。

まずは、その人に産土神社と思われる神社をいくつか出してもらい、白い紙に筆でそのすべての神社を書いてもらいます。そして、名前、生年月日、干支、年齢、今の住所も書き、母に見てもらいました。

母は神棚の前にその紙を置いて、龍神さまをお呼びし、産土神社をお聞きしました。

母が言うには、書きだした思い当たる神社十社のうち、一社の名前が浮き出るように見せていただけたとのこと。その神社は、その方が初宮参りをしたと思われる、京都の平安神宮でした。

「確かももの産土神社も初宮参りの神社だった。でも、ももの産土神様と私とキリのそれは違う神社。兄弟姉妹でも違うんだね」

「本当ね。どうしてこの神様が産土神様となったのかわからないけど。でも参拝してみると、何か感じるものよ」

「確かに私は産土神社に参拝したときになぜか胸が熱くなったし、キリは涙が出たと話していたよね。ももは懐かしい気持ちがして泣けてきたと言っていたし。ももは産土神社にお参りしてお願いしたら、すぐに旦那さんと出会ったよね」

「そうなのよ。何か感じるところがあると思う。**産土神様は『よく来た！』と迎えてくださる。何か困ったことがあったら、どんなことでも詳しく話して相談すると、まるで親のように親身になってくださる。**だからその方も、平安神宮に参拝して感じてみてほしいね」

母に言われたことを知人に知らせると、さっそく行ってみたいと話していました。私は乗りかかった舟とばかりに、ちょうど母と京都に行く用事があったので、その知人と一緒に、平安神宮にお参りに行くことになりました。

母はかつて京都に住んでいたので、懐かしさもあったようです。平安神宮はかなり久しぶりの参拝とのことでした。

「本当に久しぶりのお参り。以前は観光気分だったから何も思わなかったけど、今はいろいろ感じるね。とても開けたお宮さん。平安京の時代も感じるね。清々しく明るい、何とも言えぬいい気が流れているよ」

母は境内で大きく一つ深呼吸をしました。

それからみんなで本殿へと向かいます。すると、母が驚いた顔で「神様に『よく連れて来てくれました』って感謝されたよ」と言いました。

母は知人を呼び、神様からの言葉でしょうか、何かをこっそりと伝えています。私には話の内容は聞こえませんでしたが、知人は涙していました。

私のもとに戻ってきた母は、とても嬉しそうに微笑んでいました。

「お久しぶりでも産土神様にお参りすると、神様はまるで親のように喜んでくださる。でもまさか、私が神様に感謝されるとは思ってもなかったよ。私もなんだか感動しちゃった。あの方も初宮参りから何十年ぶりでいらしたのに、神様はとても親身になってくれるのもわかった。いいことをしたなとつくづく思ったよ」

みなさんも産土神社を調べて、ぜひ行ってみてほしいです。きっと、親のように歓迎してもらえるはずです。

自分の名字と同じ神社

ご縁をいただいた人たち

京都大学のすぐ隣に、吉田神社という神社があります。

私がお参りに行ったのは、ちょうど大学受験シーズンでした。そのためか、絵馬や護摩木がたくさん飾ってあり、本当はあまり見ないようにしているのですが、目に入った絵馬には「京都大学！　合格祈願」など、受験シーズンらしい願いで溢れていました。

ところで、みなさんのまわりにも「吉田さん」という名字の人がいらっしゃると思いますが、このように、自分の名字と同じ名前の神社が全国各地にあるかと思います。

例えば、平野神社、田中神社、鈴木神社、山田神社、熊野大社、安倍文殊院《あべもんじゅいん》などで、平野さん、田中さん、鈴木さん、山田さん、熊野さん、安倍さん……と、それぞれの神社の名前と同じ名字が存在します。

これについて、霊能者の先生から教えていただいたことがあります。

ある日、何名かで先生のお話を聞いていたとき、その中に吉田さんという方がいらっしゃいました。先生は「**自分が名乗っている名字と同じ名前の神社に行くと、ご縁をいただきやすいのよ。**だから、吉田さんは吉田神社に行くといいわ」と教えてくれたのです。

その話は母も聞いていて、私の友人に熊野さんという方がいらっしゃったので、母に「熊野さんは、和歌山県の熊野本宮大社にお参りに行くのがいいの？」と尋ねてみました。

「そう思うよ。**名前が同じということだけでご縁があるし、つながりやすいと感じる。お参りする際は、自分の名前を名乗るのを忘れずにね。**『同じ名字を名乗らせていただいています。ご縁に感謝します』とお話しすれば、神様も『おー！　そうか！　そうか！』と思ってくださって、とてもいいご縁をいただけると思う」

そんな中、先日、キリから「この間Eちゃんに会ったのよ。お姉ちゃんも覚えてるでしょ？」と聞かれました。Eさんはキリの幼いころからの友人で、Eさんのお父さんは医師で病院を経営されています。

個人病院なので、地元の人だけが知ってるような病院ですが、あるとき、雑誌の名医特集でその病院が紹介されました。それからというもの、病院はいつも混雑していて、駐車場はいつもいっぱい。キリに聞くと、予約は1年以上取れず、気軽にかかるのも難しい状態になったとのことでした。

そんな実家を持つEさんは、東京に出ていて、結婚もされているので、今回、キリは里帰りしたEさんに久しぶりに会ったとのことでした。

「『お父さんの病院がすごいことになったね！』と話したんだけど、なんとEちゃんの両親は、雑誌に載る前に全国の自分の名字と同じ名前の神社を回っていたんだって。老朽化した建物を直したり、新しい医療器具を入れたりで、借金もたくさんあったうえに、患者さんが少なくなって経営が少し大変だったみたい。腕はいいと思うんだけど、愛想がなくて少し怖い感じのお父さんだから、患者さんも敬遠していたのかもね。それで時間もあったから、お母さんと二人で、自分の名字と同じ名前の神社を探しては行っていて、それが趣味のようになっていったんだって。その神社では『病院の経営がうまくいきますように！患者さんがたくさん来てくれて、満足した診療ができますように！』ってお願いしていたらしいのよ」

確かにEさんの旧姓はよくある名字なので、全国にたくさんその名前の神社がありそうです。Eさんのご両親がそんな趣味を続けていると、ある日突然、出版社に取材され、こんなことになったそうです。

ご両親ともに「神様のおかげだ」と喜んでいて、「お礼参りに行きたいけれど、忙しくてなかなか行けない」と嬉しい悲鳴をあげているとのことでした。

えこひいきとご縁の違い

私はブログで「名字と同じ名前の神社にはご縁がある」ことについて紹介したことがあります。霊能者の先生も私の母も同じことを言っているので、その信憑性は確かなものだと私は思っています。

先ほどのEさんのご両親の話は、私がブログで紹介する前のことです。Eさんのご両親は、自分たちでそのご縁を感じていたんですね。

キリは「面白いね。やはり同じ名字だと神様もえこひいきしてくれるのかなぁ」と無邪気に言いました。

キリの素朴な疑問。私も気になり、後日母に尋ねてみました。

「同じ名字の神社の神様は、えこひいきしてくれるの？」

「Eさんのお父さんの病院が繁盛したのは、神社のお陰だね。パッと前に出してくださったんだね。でも、それは神様のえこひいきではないよ。ただ、やっぱり同じ名前を名乗っている人が参拝に来て手を合わせると、神様は『おっ！』と思うよね。そして、しっかり耳を傾けてくださり『そうか、そうか』と聞いてくださる。しかもEさんのご両親は全国の神社を回られたなんてねぇ。**同じ名前の神社の神様同士もつながっているから、きっとおわかりだったと思うのよ。神様たちがなんとかしてやりたくて、このような形で整えてくれたんだと思うよ。**だからえこひいきではなく、これもご縁」

母はさらに続けます。

「これは名字だけではなく、名前も同じよ。それとね、漢字が違っても大丈夫。あと、御祭神の神様の名前と同じとかでもいいと思う。**何かしらご縁を感じて参拝に行かれると、神様もわかって、喜んでくださるよね**」

私とキリは、残念ながら名字が少し珍しいので、同じ名前の神社仏閣を見たことはありません。ももは自分の名字と同じ神社があるので、「家族で回りたいな」と話していました。

そんなももを見た私とキリは少し羨ましいと思ったのでした。

もし、自分と同じ名前の神社仏閣があるなら、参拝して、そして素敵なご縁をいただいてくださいね。

白山比咩神社《しらやまひめ》（石川県）

頼りになる「しらやまさん」

前述のとおり、私たちは石川県に住んでいます。そのこともあり、私たちが最も懇意にしている神社は、間違いなく石川県白山市三宮町の白山比咩神社です。地元の人たちは、親しみを込めて「しらやまさん」と呼びます。

全国3000余社ある白山神社の総本宮である白山比咩神社の御祭神は、ご縁結びの神様と言われるククリヒメ様です。ククリヒメ様はイザナギノミコト、イザナミノミコトのお子様で、霊峰白山の女神様です。

母は**「ククリヒメ様は、ご縁結びでは最強の神様だと思う」**と常々話しています。ご縁結びといっても男女の縁だけではなく、職場や地域の人間関係や、友人関係などもあります。

こういったご縁は、生きていくうえで最も大切な要素ではないでしょうか。そんなさまざまなご縁を結んでくださる最強の神様が、ククリヒメ様なのです。

家から近いこともあり、お礼参りに行きやすいので、よく願掛けもしています。ククリヒメ様にはさまざまなご縁結びの願掛けをさせていただきますが、必ず良きように導いていただけるのです。

すぐ願いを叶えてくださる場合もあれば、なかなか叶わず、遠回りすることももちろんあります。

でも、「あー、こんな形でご縁を結んでくれたんだ」と後でわかることがあり、そんなときは、何年たっていてもちゃんとお礼参りをしています。

それくらい私たち家族みんなで信頼している神様なので、何か辛いことがあったときも、しらやまさんに参拝させていただくと、なぜかすーっと胸のつかえが取れるような気がします。**不安な気持ちから解放され、物事が良き方向に動く気がします。**

いつも**「ククリヒメ様にお願いしたから大丈夫！」**と思えるのです。

また、私は神様からお言葉が欲しいと思ったときは、ありがたいことに母を通して言葉をいただくことができますが、母がいないとき、己でじっくり向き合うときは、しらやまさんでおみくじを引いています。

「おみくじを引かせていただきます。お言葉をください」

本殿でそう伝えておみくじを引くと、神様のお言葉をいただくことができると思っています。

私の感覚ですが、しらやまさんのおみくじはとても厳しいと感じます。あまりに厳しいお言葉が多いので、弱っているときはとてもショックを受けます。

一方で、とても的確です。内容をよく読み込んでみると「確かにそうだな。気をつけよう」という気づきをくれるのです。

厳しい言葉に耐えながら、神様のお言葉を噛みしめています。


私の子どもたちも幼いころから慣れ親しんでいる神社なので、子どもたちも何か困ったことがあったときは、まずはしらやまさんに参拝しているようです。

というのも、私もしばしばしらやまさんにお参りするので、そのたびに夫や子どもたちとばったり会って、一緒にお参りするということがありました。

まさにご縁結び。同じ時間に示し合わせたように会わせてくれ、さすがククリヒメ様だといつも思います。まるで「家族一丸となれば大丈夫」と言われているようにも感じて、何度救われたかわかりません。

それぐらい家族みんなが大好きなしらやまさんなのです。

母と歩くしらやまさんの境内

ある日の早朝。母と一緒にしらやまさんに行き、久しぶりに表参道から参拝しました。表参道からだと本殿までに少し長い階段があるので、いつもは大きな北参道駐車場に車を停めて、横から入っていける北参道から参拝することがほとんどでした。この日は久しぶりの早朝参拝。せっかくだから、表参道からゆっくりと階段を上って歩きたくなったのです。

参道を歩いていると川の音が聞こえます。琵琶滝が近づくと、滝の音も聞こえてきます。母もとても気持ち良さそうに歩いています。

「この音を聞いてごらん。この滝でちょっとしたものは祓ってくれるよ。3日分の穢れくらいなら、ここを歩くだけで祓ってくださる。上の北参道の入口には祓所《はらえど》があるけど、それくらいの効力があるのよ」

北参道の入口には、確かに「触穢《しょくえ》の所」があります。ここでは、生理中の女性や喪中の人など、不浄を自分で祓えるようになっています。

私たちは不浄がなくとも念のためと、いつも触穢の所で祓ってから参拝していました。

「触穢の所も素晴らしい。専門の神様がいらっしゃり、不浄を祓ってくださる。でも、表参道から流れる川や滝は少しお役目が違うのよ」と母は言います。

さらに、表参道の琵琶滝から流れる川についてこう続けます。

「歩きながら白山の清流が祓ってくれるから気持ちいいね。琵琶滝までずーっと祓ってくれてる。そして、琵琶滝を過ぎるとぴたっと音が止む。急に静粛になり、神の領域に入ったことを知らせてくれる。これで今から神様にお会いするって気持ちになるよね」

確かに、表参道から階段を上がってくると、琵琶滝まではザーッと音がしているのに、通り過ぎると音がピタッと止みます。ここに来ると、私も身が引き締まる気がしていました。

「そういえば、琵琶滝には白龍さまがおられるって話を前に聞いたけど、今もいらっしゃる？」

「今は龍神さまはおられないかな。感じない。空を飛んでおられるんだと思う」

それから、母は本殿へと向かう階段の上のほうを見上げます。

「あの上から下まで、参道の真ん中に、さーっと光の道が見えるよ。神様が通る道ね」

「残念ながら見えないけど、ハリウッドの赤いレッドカーペットみたいな感じ？」

「そうね。光だけどそんな感じ。だから、真ん中は歩いたらダメというのがわかるね」

よく、参道は神様が歩く道だから、人は端を歩くようにと言われますよね。

手水舎《てみずしゃ》へ到着すると、鳥居の横にいらっしゃる狛犬様と目が合いました。

「こちらにも狛犬さんがいらっしゃるね」

「うふふ。かえでがそんなこと言うから、狛犬様が『我らもしっかり守っておる！　忘れるでない！』っておっしゃったよ。古くから守られている狛犬様だから、プライドがあるんだね」

「申し訳ありません」

私は焦って手を合わせました。


鳥居を過ぎると右手には、荒御前《あらみさき》神社という神社があります。

「こちらは荒御魂《あらみたま》にあたる神社だから、『これから参拝させていただきます』とごあいさつするのよ。するとククリヒメ様につないでいただける」

母の解説の通り、私はいつもこちらでごあいさつをしていますが、いつも「いよいよククリヒメ様とお会いできる」と身が引き締まるのです。

この日は早朝のお参りなので、参拝者もまばらで、本殿前ではゆっくりお参りすることができました。

と、いつもはこれで終わりなのですが、周囲に人がいないので、私は母に少し質問をしてみました。

「今、ククリヒメ様は前にいらっしゃる？」

「……うん、いらっしゃるよ」

「ククリヒメ様はどんなお姿をしているの？」

「……少しお年を召している姿で、一見厳しくも優しい雰囲気のとてもお綺麗な女神様よ」

「ククリヒメ様だけがいらっしゃる？」

「目の前には三柱いらっしゃる。中央にククリヒメ様、右手に男の神様、左手に女の神様」

「もしかすると、それはご両親のイザナギノミコトとイザナミノミコト？」

「違うんだって。兄妹だって！」

「兄妹なの？　どんな神様？」

「男神様は山の神様、女の神様は海の神様だそうよ」

「そうなんだ……」

「そしてククリヒメ様が『我はここ加賀の国だけを守っているわけではない。多くの地を束ねておる。たくさんの者を助け、守り、力を与えておる。ゆえに手が回らぬこともあり、山の神、海の神にも助けてもらっておる。いつも同じ神ではない』だって」

「そうなんだ。山の神様や海の神様にも助けてもらっていたんだね。じゃあ、やはりククリヒメ様はこちらにおられるんだね」

「絶えずおるわ!!」

この瞬間だけ、母の口調は強くなりました。

「では、出雲大社の神在祭《かみありさい》は参加されますか？　そのときはいらっしゃらないですよね？」

「参加できるときはしておるが、忙しいときは他の者に任せておる。参加して留守にしておるときも、代わりの神がみなの話を聞き、我に伝えるゆえ、問題はない」

最後にそう言うと、母はフッと我に戻りました。


「ククリヒメ様、いろいろとお答えくださりありがとうございました」

私は深々と頭を下げたのでした。

足にまつわる願い

しらやまさんでは、白山奥宮遥拝所《はくさんおくのみやようはいじょ》も必ずごあいさつしています。白山の頂上に鎮座する奥宮とつながる場所にあり、大きな石三体は白山の三山を表しています。母によると、**「この石自体がパワーを発している。手を合わせるだけでもいいので、前に立ち、奥宮からの御神気をいただいてね」**とのこと。

そしてもう一社、神馬《しんめ》様のおられる神馬舎も必ずごあいさつする場所です。

もも の長女が足に障害があったため、しらやまさんの神馬舎でお賽銭として硬貨を4枚用意し「この子が元気に歩けますように……」と手を合わせてお願いしたことがありました。

それも、母がかつて神様に聞いた話のおかげです。

「龍神さまから『この子の足のことをお願いせよ。神馬はそのような願いを聞いてくれる』って言われたのよ。**馬は4本足で強く駆け回っているから、お賽銭も硬貨4枚で、神馬様にお願いすると良い**と教えていただいたのよ。だからあなたたちも、神馬様には4枚のお賽銭をして、足のことをお願いしなさい」

ちなみに、私の長女が小学生のときに「運動会のリレーで足が速くなるようにお願いしてもいい？」と母に聞くと、「もちろんいいよ！　神馬様が聞いてくださるよ」と言われ、娘はお願いをしました。その後、運動会で一等賞を取ったのです。

そして、娘がお礼をしたいと言うので、再び母とお礼参りをしたときのこと。母は嬉しそうに神様の様子を教えてくれました。

「神馬様はとても嬉しい顔をされていたよ。神馬様もお礼参りは嬉しいんだね。神馬様、ありがとうございました。これからも、子どもたちが自由に素敵な世界へ羽ばたいていけますように」

それからは、私も参拝では必ず硬貨４枚のお賽銭を入れて手を合わせています。

ご縁結びの「結」の絵馬

早朝の参拝を終えた私たちは、清々しい気持ちに包まれていました。

「今日はククリヒメ様にいろいろお話をお聞きできて良かった。人がいないからこそお聞きできたね。いつもは人がたくさんいらっしゃるから、集中してお聞きする雰囲気ではないもの。たまに早朝の参拝もいいものね。早朝に参拝できるのも、近くに住んでいるからこそだから、ご縁結びのしらやまさんが近くにあって本当ありがたいわ」

「本当だね。ご縁結びがお得意の神様は、縁切りもお得意。ご縁結びのお願いをしても、ククリヒメ様のご判断で縁切りしてくださるからね。でも、なるべくそんなお願いはしないようにしたいね」

「本当にそう。素敵なご縁を結びたいね」

「今日改めて思ったけど、本殿の横に大きく『結』と書いた絵馬があるけど、あれは素晴らしい。ご縁といってもいろいろなご縁結びがあるけど、**どうしてもと思うご縁は、あの絵馬に書いてククリヒメ様にご縁を結んでいただくといいよ**」

母は「あれはいい！」と何度も繰り返します。


表参道の帰り道、再び琵琶滝へと差し掛かりました。

母は琵琶滝を見上げて言います。

「あら？　白い龍神さまがいらっしゃるよ！　さっきは感じなかったけど、今はおられる！　他にも天女のような神様もまわりを飛んでいらっしゃる。やはり白山神社の総本宮だからか。龍神さまだけでなく、他の神様もたくさんいらっしゃって、守り助けられていらっしゃるねぇ」

母はしみじみと手を合わせるのでした。

おわりに

本書をお読みいただき、ありがとうございました。

本を出版するという初めての体験にあたりましては、ＫＡＤＯＫＡＷＡのみなさまにはとてもお世話になりました。

本の企画提案から全般的にお世話をしてくださったＫＡＤＯＫＡＷＡの斉藤直美様、編集に深く関わっていただき、初めての書籍で右も左もわからなかった私にいろいろ教えてくださった小田島瑠美子様に感謝申し上げます。

この本の内容は、私たちハッピー・三姉妹のブログの中でも最も重要なお話をまとめ、新たなエピソードを交えながら再構成したものです。載せたかったお話は他にもたくさんあったのですが、泣く泣く割愛した事情もあります。

私の視点で書いた内容ですが、母に聞くと「こんなこともあったのね」と、とても興味深く読んでくれました。

そして、この本の表紙を飾った龍神さまの絵や中の挿絵は、三姉妹の三女ももの長女であるMomoが描いたものです。Momoについては、第3章「護王神社」のところで詳しく書いていますので、ぜひもう一度読み返していただけますと幸いです。

龍神さまや神様のことを、より多くのみなさまにも知っていただきたく、このような出版の機会をいただけたこと、本当にありがたく思っています。

最後になりますが、この本がきっかけで「母と龍神さま」のことを知っていただき、ブログの読者になってくださったみなさま、ブログ開設当初からずっとフォローしてくださっている読者のみなさまに、改めて感謝申し上げます。

本当にありがとうございます。

ハッピー・三姉妹　かえで

このたびは、この本をお手に取っていただき、ありがとうございます。

この十数年の間に、私たちの家族に起こった数々の不思議な出来事、参拝した神社のことなどを、いつも近くで見ていた長女がブログでつづっていましたところ、KADOKAWA様より本の出版という思いもかけないお話をいただきました。

出版に携わってくださったみなさまに、まずはお礼を申し上げます。

ありがとうございました。

普通の主婦だった私が、障がいのある孫娘によって神様に導かれ、いろいろなことを学ばせていただき、今日に至ります。

見えない世界の神様、仏様の尊さ、優しさ、見えない世界の仕組みなど、神々様にその都度指導していただき、私自身、今も修行させていただいている身です。

この世で起こることは、すべて修行の連続です。

すべてに意味があるのです。

そのことに気づいたときに、自分の使命も理解しました。

この本がどうかあなたにとって意味のある一冊となりますように……。
みなさまの幸せをご祈念いたします。

ハッピー・三姉妹の母

ハッピー.三姉妹
長女かえで、次女キリ、三女ももの三姉妹。三姉妹の母を長年見守っている龍神さまにまつわるお話や、三姉妹と母が体験したスピリチュアルな出来事、龍神さまをお祀りする神社仏閣、開運情報などをブログでつづっている。ブログフォロワー数10,000人超え。X（旧Twitter）ではかずたま（数霊）鑑定士として活動中。パワーストーンブレスレットショップも人気でリピーターが多い。石川県在住。
◆ ブログ：https://ameblo.jp/happysansimai/
◆ X（旧Twitter）：@happy3simai
◆ Instagram：@happy.3simai

ある日《ひ》、龍神《りゅうじん》さまが母《はは》に入《はい》りました
2024年12月18日　初版発行

著者　ハッピー.三姉妹《さんしまい》
発行者　山下直久
発行　株式会社KADOKAWA
〒102-8177　東京都千代田区富士見2-13-3
電話0570-002-301（ナビダイヤル）
印刷所　TOPPANクロレ株式会社
製本所　TOPPANクロレ株式会社

●お問い合わせ
https://www.kadokawa.co.jp/（「お問い合わせ」へお進みください）
※内容によっては、お答えできない場合があります。
※サポートは日本国内のみとさせていただきます。
※Japanese text only

定価はカバーに表示してあります。

ISBN 978-4-04-607282-5　C0095